JN101203

十字架の聖ヨハネの霊性

フェデリコ・ルイス師の講話

フェデリコ・ルイス　著
九里　彰　訳

サンパウロ

まえがき

昨年二〇一八年十一月十六日早朝、カルメル会の霊性、特に十字架の聖ヨハネの研究家として世界的に知られていたフェデリコ・ルイス・サルバドル師が帰天された。享年八十五歳、六十八年の修道生活であった。

長年、ローマにあるカルメル会の国際神学院テレジアーヌムで教鞭を執られていたが、私自身は、スペインに留学していた時、セゴビアの霊性センターで行われた一週間の『霊の賛歌』に関する夏期講習会に参加し、初めてその人となりに触れた。

カルメルの碩学であるにもかかわらず、親しみやすい、ユーモアあふれる人柄で皆を笑わせながら、すばらしい？——といっても、当時の私の語学力では何とも判断できなかったが、参加者は口々に「すばらしい！」と言っていた——講話をされていた。私が拙いスペイン語で面談をした時も、真剣に耳を傾けてくださり、あらゆる偏見から解放された方だと感じた。帰国後も、修道会の会議などで、スペインを訪れるたびに、マドリードの修道院でお会いしたが、ユーモアは健在であった。しかし、その時すでにアルツハイマー病におかされていることを、他の兄弟たちから知らされた。二〇一五年、最後にお会いした時、代表作とされる『神秘家・霊的教師である十字架の聖ヨハネ』の邦訳許可を願うと、私が持参した本にいとしい者にするように接吻しながら、サインをしてくださった。

葬儀ミサのイベリア管区長の説教などを読むと、まさに師自身が、現代における十字架の聖ヨハネを体現していたようにも思う。「私は修練者の時から、いつも彼の単純さに舌を巻いていました。畑で仕事をしていた時も私たちと語り合い、私たちを励ましてくれました。自分を誇ったり、偉ぶることなく、真の賢者のように、私たちに同伴し、適切な助言を与えてくださいました……」。

本書は、フェデリコ・ルイス師が、一九八八年の夏に、ドイツのカルメル会修道女のために行った六つの講話を翻訳したものである。すでに三十年余の歳月を経ているが、その内容は今もなお新鮮さを失っていない。多くの方々がこの講話を通して、神秘家・霊的教師である、教会博士・十字架の聖ヨハネの人間と教説に関心を持たれるように願ってやまない。

二〇一九年十二月二十五日　主の降誕の祭日

カルメル会金沢広坂修道院院長　九里《くのり》　彰《あきら》

目次

第三講話

第六講話

第一講話

跣足カルメル会士としての十字架の聖ヨハネ

十字架の聖ヨハネは、今日《こんにち》不思議な摂理によって再発見されつつあります。それも単にカルメル会の中ばかりでなく全教会において、さらには教会外の、キリスト教とは関係のないさまざまな団体の中でも評価されています。彼は、人生の本質や意義を真摯に探し求めている人々から、魂の良き案内者・指導者として見なされているのです。

私たちカルメルの兄弟姉妹にとって、彼が私たちの会の一員であったということは、何よりの喜びです。それゆえ、何がこの聖人をカルメルへと導き、どのように会の中で生きたかを知ることは、私たちにとってきわめて大切なことです。この問いに対する答えは、彼の著作を理解する上でも助けとなることでしょう。とはいえ、この問いに答えることは簡単なことではありません、アビラの聖テレジアやリジューの聖テレジアとは異なり、彼は自伝的なものは一切書き残しませんでした。著作の中でも、彼は自分のことについて決して触れませんでした。今日の私たちにとって重要と思われる多くの事柄が、書き留められずにきてしまいました。書かれた幾つかの資料も、後世散逸してしまったようです。しかしながら、この沈黙、寡黙こそ、十字架の聖ヨハネの性格と全生涯の意味を余すところなく表しています。それは、彼の内的沈黙の一側面を示唆しているからです。

聖人の個人的生活と体験

若い時の養成と教育を、彼は二つのルートを通して受け取りました。すなわち、病人の世話とサラマンカ大学での勉学です。カルメルへの道は、彼にとって平坦なものではありませんでした。まず看護師修道会が、次にイエズス会が彼を獲得しようとしました。四年間の勉学の後、彼は危機に陥りました。サラマンカでの生活は、すべてが勉強の方へと集中していましたので、ヨハネは自分の学ぶ神学の理論と、自分が生きている現実における実践との間に深い不調和を体験しました。彼がテレジアに会った時は、まさにカルトゥージオ会に入ろうとしていたところでした。テレジアは、改革運動の中に彼が見失っているものを見いだすであろうと確信し、カルメル会にとどまるよう彼を説得しました。

私たちは彼の伝記についてわずかなことしか知らないために、彼の名前を聞くとすぐに、専門的文筆家と考えてしまいがちです。しかし、これは大きな誤りです。ヨハネは、会の兄弟姉妹と共に、真に共同体性を生きていました。彼は観想生活を生きようとする人々との接触を求めていましたし、彼の著作はその生活実践のあふれ以外の何ものでもないのです。したがって、彼の霊的生活は、観想・共同体生活・講義・手仕事・孤独・海外宣教の展望など、あらゆる要素を包含しているのです。ヨハネは、カルメル会の生活の全次元を十全に生きていました。彼はほとんど、どんなことに対しても有能であったばかりでなく、どんな所ででも働く覚悟ができていました。つまり、説教壇やとりわけ告解室で熱心に働いたばかりでなく、しばしば菜園や建設現場でもよく働きました。彼は、今日で言えばホリスティックな、現実的で役に立つ、生活に密着した人間でした。このような生活から、彼の著作は生まれてきているのです。その際、彼の関心が、彼が個人的に知っている具体的な人々に向けられていたということも間違いありません。彼は、彼らを神秘主義の秘密めいた精神の高揚へと導いたのではなく、しばしばごく単純に、例えば外国人を親に持つ子どもたちに対しカトリック要理を教えていたのです。彼らには読み書きも教えていました。

証言によるヨハネの霊的指導

私たちの聖なる修父、十字架の聖ヨハネは、**テレジアの始めた改革運動の父であり、教師であり、指導者でありました**。彼は、彼女から全面的に信頼されていましたが、一度も彼女の長上となったことはありませんでした。全生涯を通じて、彼が院長職にあったときでさえも、彼の上には長上がいました。その意味では、彼を跣足カルメル会の共同体創立者とはまず言えないでしょう（むしろこの肩書は、改革運動を組織運営したグラシアンのものでしょう）。けれども彼は、改革派の聴罪師であり、霊的指導者であり、養成担当者でした。彼は、カルメル会の精神の覚醒者でした。この意味で、彼に「会の父」という名が帰せられることは、正当なことでしょう。彼は自分よりずっと年上である聖テレジアでさえ「私の娘よ」と呼んでいますし、反対に彼女の方も彼のことを「私の霊魂の父」と言っています。彼も彼女を「われらの母なるテレジア」として扱ってはいますが。

ヨハネは聖務を唱える時はいつでも、それを霊的養成と霊的指導の一環として行いました。彼はまた口頭によって教えることに秀でていました。彼の霊性は、対話であり会話です。彼は聞き上手で、長時間聞き役でいることができました。彼の答えは彼自身の体験から出てくるもので、決して書物からのものではありませんでした。その答えは、人々に確信と励ましを与え、実りをもたらしました。そのような会話のために、自分の仕事が中断されることをいつも喜んで受け入れました。他方、それだからといって、通常の仕事を怠るというようなことはまったくありませんでした。ある時、彼はある修道院の院長に選ばれました。その修道院では、それまで五人の前任者が給水を確保しようとして失敗していました。ヨハネはためらうことなく、水道管を敷設しました。彼の価値体系において、著述は疑いなく最後のものでした。いずれにせよ、彼が幾らかのものを書き記し、それが私たちの手に伝わってきているということは、幸いなことです。このような人を、今日では「ミュスタゴーグ」（キリストの秘義へと教え導く者）と呼んでいます。

霊的生活の師として、十字架の聖ヨハネは疑いなく、**跣足カルメル会修道女**と非常に密接な関係を持っていました。修道生活における兄弟は、彼が入会後、早い時期に危うく彼を会から追い出してしまうところでした。修道女たちを通して彼は会にとどまり、その中で大きく成長しました。聖テレジアとその影響についてはすでに言及したとおりです。彼は、修道女たちから改革カルメル会士として大切な修道服やマントを作ってもらいました。カルメルの修道女たちは、トレドの大脱走の後の彼をかくまい、衰弱した彼の面倒を見ました。彼の著作を大事に保存し、刊行したのは彼女たちでした。彼の方としても、霊的指導は修道女を優先して行っていました。御托身修道院では、彼が修道女の聴罪司祭であった時、全コミュニティーが一つになりました。彼が牢獄から脱走した直後の詩を最初に耳にしたのは、トレドの姉妹たちでした。ベアスやグラナダやセゴビアの修道女たちとも温かな関係を結びました。カルメルの修道女たちとの出会いは、彼に絶えず新たなインスピレーションをもたらしました。十字架の聖ヨハネが彼自身の修道会で無名の偉人としてとどまっていた近代においてさえ、彼を理解し、自分たちの師と見なしていたのは、リジューのテレジアやディジョンのエリザベト、そしてエディット・シュタインといった修道女たちでした。

しかし聖人は、誤解され続けます。実際、彼の著作は無味乾燥な非人格的な印象を与えます。部分的にあまりにも難解で謎めいた箇所がありますから（もし十字架の聖ヨハネが、彼自身の身体的・霊的・神秘的体験を文字に表していたならば、その本は今日ベスト・セラーとなっていたことでしょう）。それらすべては、この聖人の沈黙の中に隠されています。彼は自分が経験したことはすべて内的に意味があり、決して知ることのできない影響を自分の外に与えていると確信していました。彼は、「～のために」何かをしようと努めることを良いとは考えませんでした。「証しをするために」とか「しるしとなるために」、修道士または神秘家であろうとする野心を、彼はまったく持ち合わせていませんでした。キリストとなる生活それ自体が、しるしであり証しだからです。それを文書に書き記すことは、彼にとってまったく二次的な事柄でしかありませんでした。イエスのアンナとヨハネの間には、特別に深い信頼と友情の絆が結ばれていました。もしアンナが代わりにそのことについて話すことを選んだならば、この聖なる博士の内的生活に関する**この上ない証人**となったことでしょう。しかし彼女は、沈黙を選びました。おそらく彼女は、そのような約束を彼に求められたことでしょう。

彼の著作

聖ヨハネの著作物は、彼が一生を通じて会の中で実践した口頭の教えの延長線上にあります。彼の判断によれば、著述は彼の価値体系の中で最も低い位置しか占めていませんでした。とはいえ、彼はこの仕事のために十分準備をしました。ヨハネは、いろいろな芸術や看護の活動を通して、幅広い一般教養とホリスティックな教養を身につけていました。サラマンカでの勉学は、当時において超一流のものでした。広範囲にわたる一連の個人的体験と会の中や人々の霊魂に対する司牧的配慮から行われた十二年に及ぶ教育的活動は、彼がまとまったものを書くにあたって良い準備となり、大きな財産となったことでしょう。彼は教育的意図をもって書きませんでした。それは、論文というよりは、むしろ魂の叫びのようなものです。彼が書き綴ったものは、神への賛美であり、大衆に向けられたものではなく、神に向けられたもので、人間に宛てられたものではないのです。それは、祈りについての本というより、祈りそのものです。少なくともその両面を合わせ持っています。

一九二六年、十字架の聖ヨハネは**教会博士**の称号を受けました。今から二十年か二十五年前頃、聖ヨハネが教会博士とか会の師父と呼ばれるべきかどうかについての論争が生じました。確かにヨハネはカルメル的生活について何ら論文を書きませんでしたし、会則や会憲に関する注釈書を一つも著しませんでした。さらに彼は、倫理的諸徳や秘跡やマリア論といった古典的テーマについても何も論じていません。この意味では、彼は十六世紀という時代に属していません。その世紀の偉大な人物は、すでに亡くなっているか著作活動をやめていました。テレジアもその一人です。スペインにおいては、霊的生活に関する著作は膨大な数にのぼり、他のすべての学問に関する著作を合わせた以上の数となっていました。ヨハネは他の人々がすでに言ったことを繰り返すつもりはありませんでした。逆に、彼らが筆をおいたところから書き始めようとしました。彼は常に、最も本質的な事柄に関心を持っていました。彼にとって重要なテーマは、いつもキリスト者としての、また人間としての全き生活です。彼は、カルメル会の人間を何よりも神の息子・娘として見ています。跣足カルメル会士とか囲いの中の修道女としてではありません。とはいえ、彼はいつでも一カルメル会士としてカルメル会の全員に宛てて書いています。彼らに対して、幾つもの詩を献呈しています。しかし、絶えず他のすべてのキリスト者が、その視野の中に入っています。つまり、すべての人が彼の作品を読み、味わうように招かれているのです。結局、彼がその著作を通して教えようとしているのは、三つの対神徳によって動機づけられた生をいかに生きるべきかということです。それは、人間が信仰・希望・愛を通して神と結ぶ実存的関係です。

対神的生活、これが、聖人にとって新たなテーマとなります。特に信仰について、彼はたくさんのことを書き記しました。現代のある専門家は、それに匹敵するのはルターだけであると言明しています。とはいえヨハネが語っているのは、信仰についてであり、信仰の諸真理についてではありません。彼は、信ずべき愛すべき唯一のお方、最愛の友としてのキリストについて語ります。神秘的現象に関しては、彼は非常に慎重で、懐疑的ですらありました。テレジアの著作は彼女の死後、瞬く間に広まり、カルメルの召命一般が、彼女の個人的霊性に還元される危険性がありました。傾向として、耳目を驚かすような異常な現象を好む風潮が生み出されていました。ヨハネはそれに歯止めをかけねばなりませんでした。彼の著作における別のテーマに、**祈りは沈黙の内に愛のこもったまなざしを神へ**

と向けることであるというものがあります。この祈りは、当時めったに論じられることなく、ほとんど危険視されていました。

聖ヨハネの著作は、三つの異なった種類のものから成り立っています。第一は詩です。これらは最初から注解はなく、すぐに歌われ始めました。今日でもなおスペインでは、これらのために新たなメロディーが作られています。これらの詩とは別に、ヨハネは「たびたびこれを読み返しなさい」という勧告をもってたくさんの短い実践的な格言を書きました。第三は、『カルメル山登攀』『暗夜』『愛の生ける炎』『霊の賛歌』といった大作です。それらは、大体彼の詩の注釈です。彼の著作の初版は、『暗夜』という表題で一六一八年にスペインで発行されました。おそらくこのことが、この聖なる詩人が苦難に満ちた悲劇的人物として見なされ、この著作が特に彼の牢獄での体験と関連づけられている一因なのでしょう。しかしながら、ヨハネは『暗夜』を牢獄では書きませんでした。書いたのは、晴れた大空のもと、花咲き匂う自然の真っただ中においてです。牢獄からは、神秘的な愛の詩、「霊の賛歌」が生まれています。後になって、聖人はたびたびトレドでの体験について冗談をとばしました。例えばある時、彼は三十九回以上の鞭打ちを受けたことがあるが、それは自分がローマ市民ではなかったからだと言いました。彼は、決して自分を苦しめた人々を非難したり、彼らについて不平を言うことはありませんでした。強調しておかねばならないことは、兄弟によって強いられた九カ月に及ぶヨハネの牢獄生活は、暗闇の時としては、彼には体験されていないということです。聖人自身が、「霊の賛歌」は、神的な照らしの影響のもと、あふれんばかりの愛の中で創作されたと言っています。

ヨハネは私たちに根本的な教えとして何を伝えたのでしょうか。受け継ぐべきものとして私たちに残していった礎とは、何だったのでしょうか。今日においてそれは、私たちにとって彼を魅力的な人物としている実際的な教え以上に、彼の**浄福なる三位一体についての思想**であると言えるでしょう。彼はしばしば三位一体にミサをささげ、ある時、「聖三位一体は、天において最も偉大にして聖なる方である」と言いました。聖母マリアへの信心も忘れてはならないでしょう。結局のところ、彼は**観想へと人の全生活をどのように方向づけるべきか**を教えているのです。生まれつき、また養成や恵みの導きによって、ヨハネはまったく観想的な人間でした。観想とは、彼にとって単なる祈りの状態ではなく、彼の生涯のすべてを包括する、生きる根本姿勢とも言うべきものです。それは、常に神の顔を見る能力、それも苦しみの中で、しかしその中だけでなく絶えず神の顔を見る能力です。自然の体験や他の人間との出会いは、彼にとって重要な媒介です。第三に、聖人が遺産として私たちに残してくれたものは、**慈愛に満ちた生活様式**、周りの人々に伝わってくる優しさと謙遜の生活様式です。ある時、聖ヨハネは長上の厳しさについてこう言いました。「そんなものは、異教徒の中にも見いだすことができる」。兄弟であるならば、長上がある者を罰すべきと考えている時には、彼をとりなし、寛大に計らうよう努めるべきであると。聖人は、看護の経験からたびたび修道院内の病人を自分で世話しました。それも温かな、朗らかな態度をもってそうしたのです。さらに、カルメル会の生活様式の特徴としてヨハネが見たものは、**孤独を確保するための沈黙と時間と空間**、および会の中における、また教会の中における共同生活でしょう。

第二講話

十字架の聖ヨハネの霊性の主な側面

一　愛の一致（unión de amor）
二　自己否定と放棄（negación, renuncia）
三　変容の過程（el proceso espiritual）

右のテーマは、ヨハネの人生観と観想体験という、現実には切り離すことのできない二つの事柄より導き出されるものです。前者は彼の人生と活動の理想とするところであり、後者は愛の一致こそ観想体験であるということを示しています。

一　愛の一致（unión de amor）

「神との一致」という表現は、しばしば月並みな信心用語として、皮相な意味合いで使われることがあります。しかし、ずっと深い、ずっと根源的な意味もあり、ここではその意味での「神との一致」を考察していきたいと思います。ヨハネにとって、このことは単に内的生活の指針であるばかりでなく、人間の全実存を包み込んでいく変容の体験に他なりません。彼が絶えず神や神的事柄について語っていたという証言も、この線上で理解されるべきことでしょう。神とは彼にとり、時折に話題とすべき対象ではなく、彼の全存在を支配している中心テーマなのです。

『カルメル山登攀』の第一ページの第一行目において、彼は、こう述べています。「この『カルメル山登攀』の中で述べられる教えのすべては、次の詩句の中に含まれている。それらは、神と霊魂の一致と呼ばれる完徳の高峰にまで至りつく道について述べる」。ここでは二つの点が注意されるべきでしょう。一つは、聖人が語っている「神と霊魂の一致」とは、完徳と呼ばれている事態と同一の現実を意味しているということです。もう一つは、「神と霊魂の一致」というタイトルを取ることによって、**対神的（霊的）生活の発展、浄化、祈りの旅、あるいは道といった言葉で意味されるすべてのものが**一つにされているということです。『カルメル山登攀』全体が、これらのテーマを終始一貫して取り扱っています。

どうして聖人は、完徳という言葉より、「神と霊魂との一致」という言葉を好むのでしょうか。それはスペイン語では完徳という言葉は、主体に関連したある「状態」を、つまり（自我の）完全な状態を表しているととられるのに対して、「神との一致」という言葉は、関係概念であり、愛や委託といった二つのペルソナ間で生じる事柄を意味していると理解されるからです。このことは、聖人が『霊の賛歌』の中で婚姻の用語を使用しているゆえんでもあります。

ここで取り扱っている三つのテーマは、私たちがそうありたいと願っている「観想者としての三つの要素」でもありますので、簡単にこの三つの点に触れてみたいと思います。ヨハネは、「神との一致」というこのテーマを、彼の好んだ聖書の箇所、すなわちヨハネ福音書十七章から取り出しています。そこでは父なる神との一致や弟子との一致が主題となっています。証言によれば、聖人はこの箇所をそらんじており、しばしば朗唱もしくは朗詠していたということ、また旅の時には連れの者と一緒に共唱したということが伝えられています。これは、まことに興味深い事実です。というのも、このことによって、神との一致と他者との一致こそ、彼の一大関心事であったことが分かるからです。そしてこの観点から彼は、観想者の生を構成する三つの要素を眺めています。ここでは、現代の人々が抱いている観想生活のイメージにも留意するべきでしょう。十字架の聖ヨハネにとって、観想とは、私たちが神に徹頭徹尾ひきつけられてしまうことであり、信者としての全存在が一つの探求へと、すなわち神との一致、他者との一致、全被造物との一致の追求へと収《しゅう》斂《れん》していく営みに他ならないからです。

観想者として神と一致する第一の場は教会であるということ

この問題については、ジャン・ルクレルクによっても、二、三の書が著されています。一致は、まず最初に霊魂と神の間に起こるのではなく、キリストの神秘体である教会と神の間に生じているということです。換言すると、一致はキリストと父なる神との間にまず生じ、そのキリストを通じて神と教会との一致が、さらには教会の中にいる一人ひとりの人格、個人の霊魂との一致がなされるということです。したがって、今日では観想といっても、教会の**ために**ではなく、教会**として**祈るというところに力点が置かれています。観想者は、自らが教会であり、教会を代表する者であることをわきまえていなくてはなりません。教会のために絶えず祈るという行為には、自分を教会の圏外に置いておこうとする危険性がないわけではありません。これに対し、私たちは、自分自身が教会である者として、教会のために祈りをささげています。そこには、家族の一員が家族のために、それも家族の一肢体として働くときに生まれるような家族意識が見いだされるのです。このようなわけで、観想生活は、教会の中に深く根ざしているのです。とはいえ、私たちが何かをする時、教会のために行っていることを必ずしも絶えず意識していなくてはならないということではありません。教会の一肢体であることを感じているなら、それで十分でしょう。

観想者を特徴づけている第二の要素は、神を探求すること

つまり、み顔を倦《う》まずたゆまず探し求めることです。観想者は、「おお主よ、私が探し

求めているのは、あなたのみ顔です」と叫びつつ、神を至る所に尋ね行くのです。観想者がこうむる、あるいは自ら行い、成就してゆくすべての事柄のうちに、神への渇き、神への欲求を見てとることができるでしょう。

第三の要素は、潜心し、自我や事物から離脱してゆく能力

十字架の聖ヨハネは、人間的失敗やあらゆる憤怒の感情から離脱することができました。トレド幽閉の体験も、神の比類なき栄光と偉大さを彼に啓示する一因となったのでした。真に離脱した心で生きることができたため、独房への監禁も、彼にとっては肯定的体験となり得たのでした。歴史において偉大な光を放っている聖なる人々とは、おのれの自己中心主義に死に、いかなるものにもとらわれない自由な、解放された人々のことを意味しているのです。

二　自己否定と放棄（negación, renuncia）

二　自己否定と放棄（negación, renuncia）

十字架の聖ヨハネは、何ゆえに negación（否定、放棄）と呼ばれるような、遂行するのに非常に困難な実存的態度の修行を重視したのでしょうか。主な理由は、キリスト者としての生や祈りの生活、キリストへの信従といったことが、放棄や自己否定なしには可能ではないというところにあります。では、なぜそうなのでしょうか。それは、祈りの中で神と交流するということが、感覚によっては把握することのできない、つまり見ることも聞くことも触れることもできないお方（ペルソナ）と交わることを意味しているからです。それゆえ、感覚的生への執着を捨て去ることに慣れるにつれ、神との交流はより容易に、より親密なものとなってくるのです。このことは、論理的帰結であります。というのも、私たちが神と関わる時には、感覚によるはっきりした認識は、望むべくもないからです。信仰のレベルにおいて進歩しようと思うならば、感覚の使用から自分自身を引き離すべきです。聖人は『霊の賛歌』の第一の歌の中で、こう述べています。

愛するお方よ、どこにお隠れになったのですか。……多くの愚かな人々のようであってはならない。彼らは神について低次元の理解しか持っていないので、神のことが自分たちに理解できず、味わい得ず、感じられないと思える時には、神は自分たちから遠く離れ、まったく隠れておられるのだと考える。

上述の意図に対して、感覚の適正な使用の修練が求められてきます。観想生活の発展に欠くことのできない自由な雰囲気は、磔刑《たっけい》に処せられたイエスの内に明らかとなっています。真に愛する者は、自分がそれに対して好意を感じようが感じまいが、暖かろうが寒かろうが、いかなる状況にあろうとも、常に愛さずにはいられないのです。そのような外的条件に依存した状態から離脱できていないならば、私たちは不完全にしか、それも自分にとって好ましい状況である時しか、愛せないということになるでしょう。聖人は、コルドバの修道女マグダレナ（原注：「わが娘マグダレナに」と付記された『カルメル山登攀』の絵を保存していた同一人物）に宛てた手紙の中で、こう書いています。

彼女たち（最初の入会者）が、自分の心を従わせたいと願っているもの以外に、何も必要とせず、その必要も感じないよう心がけてください。……心は、一切のものを

二　自己否定と放棄（negación, renuncia）

自らに従わせる権能を持っているのです。それも、何ものにも従属することを望まず、愛に一層燃え立つために、あらゆる関心を失いながらそうする権能を持っているのです。

姉妹たちは、ちょうどコルドバに修院を創立したところで、猛暑や狭い部屋、貧しさや無数の労苦に悩まされていました。ここには、放棄や自己否定と呼ばれる態度の肯定的側面を見ることができます。すなわち、外的条件から自由になった、独立した人々の姿を。『霊の賛歌』の第三の歌において、聖人は**自己否定を恋愛になぞらえています**。

ところで、一切のものより自分の恋人を敬愛している恋する霊魂は、恋人の愛と行為に信頼し、次のように言うことを決して言い過ぎとは思っていない。「野獣も恐れない」。そして「強い者も国境も越えてゆこう」と。

このような人は、もはや自己を否定する必要がありません。愛する方に魅了され、他の一切のものへの関心を失っているからです。

聖人が、厳格主義的な苦行を一度も実行しなかったことは、よく知られています。苦行のための苦行をしなかったということです。彼は、聖パウロがフィリピ人への手紙の中で次のように記している状態を生きていました。「私は、貧しく暮らすすべも、豊かに暮らすすべも知っています。満腹していても、空腹であっても、物が有り余っていても不足していても、いついかなる場合にも対処する秘訣《ひけつ》を授かっています」。それは浄化され抑制された人の姿であり、絶えず苦行を探し求め、すべての事柄を苦行へと変えてしまうような人の姿では決してありません。彼のまなざしは、他のものがその前にはほとんどかすんでしまうほど、彼をひきつけてやまぬ価値へと向かっています。つまり、十字架の聖ヨハネは、苦行浄化することに励んだというより、神の前に他の一切を忘却していったのだと言うことができるでしょう。修道院へ贈られてきた物を夕食に食べている兄弟を見て、ヨハネが喜んでいたと、グラナダの修道士たちは伝えています。彼自身はほとんど食べませんでしたが、食事を楽しむ兄弟たちを見るのは、彼にとって何よりの喜びだったのです。このような意味で浄化抑制され、同時に事物を味わうことができた別の人物としては、例えば聖イグナチオがいます。マンレサでの滞在以来、彼には一定期間、断食する習慣がありました。イエズス会の総長としてローマにいた時、彼自身はほとんど食べませんでしたが、一緒に住む兄弟たちが同じようにする義務があると思うことを危惧しました。そこには、豊かな食事を取ることで有名なバスク地方出身の兄弟たちが何人か来ていましたから。そこで彼は、食事の時、彼らの一人を自分の隣に着かせ、こう言いました。「あなたがいつも食べているように食べてください。それによって、コミュニティーが自由を感じ、誰も私がするようにしなければならないと考えないようにしたいのです」。彼は、このために特に健啖家《けんたんか》の会員を選ぶのを好みました。十字架の聖ヨハネについては、次のような証言があります。「彼は自分自身には厳しかったが、他者に対しては、そうではなかった」と。正しく理解された放棄とは、私たちの人格を非人間化するようなものではないのです。

三　変容の過程（el proceso espiritual）

では、霊的生活の過程、道程、変容へと至る旅路といった第三点に移りましょう。ヨハネの生涯を振り返ると、何一つ同じことが繰り返されず、どの局面も新しいものであることが分かります。一日として同じ日はありません。彼がトレドに幽閉されたのは、三十六歳の時でしたが、すでに聖人であったことが知られています。この時期より、神の体験と霊魂の変容を歌った『霊の賛歌』が、執筆され始めています。この後、バエサ、グラナダ、セゴビア、ウベダでの出来事はみな、彼にとってまったく新しい事件であり、まったく新しい経験だったのです。どの時期においても、新しい人間としての彼を見いだすことができます。一致へと変容していくことは、人生の最初の日から最後の日までの全期間を包含するすべての道のりだと言うことができます。

ここで聖人が行っている小さな、しかし重要な用語上の変更について触れておくべきでしょう。第一は、恵みの状態にあるという意味で、「恵み（gracia）」という語を、めったに使わなかったということです。この表現は、キリスト教のコンテキストの中では、幾分静的なニュアンスを持っています。そのためヨハネは状態ではなく、関係や生きた出会いに関わる「愛」とか「愛の内にいる」といった言葉を好んで使用しています。『霊の賛歌』の副題は、「霊魂とその花婿キリストとの間の愛の交換（いとなみ・修練）を述べた詩の解説」

となっています。ここにあるのは、愛についての論文ではなく、愛の体験そのものについての論述です。

聖人によって変更を受けている第二の語としては、「罪」があります。「罪」は一般に罪の状態に陥ることを意味するがゆえに、この言葉も彼は使用しません。聖人にとって、その著作で見る限りでは罪の状態は存在せず、私たちを衝《つ》き動かしている破壊的な力としての apetitos があるのみです。この語には、通常「欲望」という訳が当てられていますが、どちらかといえば状態を表す「罪」という語より、ずっとダイナミックな意味内容を持っている表現です。

聖テレジアが、改革の初期にヨハネの助けを乞うた時、メディナ・デル・カンポにいた彼の出した条件は、敏速に（dinamismo）ということだけでした。「そう、遅延しない限り、すべては申し分ありません」と。二十五歳の彼は、改革が軌道に乗る前に、年を取ってしまうことを恐れたのでした。彼は自分の生涯を全うし、そこに意味を付与しようとするのに性急でした。『愛の生ける炎』の中で、神は、ある人々を速やかに身元に引き寄せようと、あらかじめ定めておられると述べています。事実、夭折《ようせつ》した聖人が、カルメル会には何人もいます。聖テレジア・マルガリータは二十二歳、聖テレーズは二十四歳、福者エリザベト＊は二十六歳でした。とはいえ、ありがたいことに、年をとって亡くなった聖人もいます。十字架の聖ヨハネは四十九歳まで生きましたし、聖テレジアなどは、六十七歳という高齢にまで達しました。（当時の六十七歳と言えば、現在では九十九歳に匹敵するかもしれません）。

時の流れの速さに対する鋭敏な感覚は、十字架の聖ヨハネに特徴的なことです。それは、「あわてる」ことではなく、彼の一生に十全な意味をもたらそうとする「迅速さ」を意味しています。彼はしばしば、道はまっすぐ前に続き、目的地に短期間で到達できるよう、短いほうがよいと指摘しています。この急進しようとする時間感覚は、変容の過程における「漸進的発達」を等閑視することを意味してはいません。『霊の賛歌』の中では、こう述べています。

＊二〇一六年十月十六日、教皇フランシスコにより列聖され、聖エリザベトとなった。

十字架の上でなされた婚約は、今われわれが問題としているものではない。その婚約は、神が最初の恵みを、洗礼において各人に与えられる時に、直ちに成就している。

これに対し、ここで言う婚約は、完徳の道を通してなされるものであり、徐々に、しかも段階を追ってゆかねば、達成され得ないものである。

すべては一つの婚約なのですが、最終段階への到達は、霊魂の歩調に合わせて、徐々に達成されるのです。聖パウロも同じことを次のように表現しています。「あなたがたは、すでに聖なるものですが、あるべき姿へと変わっていかねばなりません」。ヨハネが急ぐ理由は、恵みはすでに与えられてはいても、それを真摯に受け取り、現実の中で生きていかねば何にもならないからです。とはいえ『暗夜』において憤怒の悪徳について言及する時、一日で聖人になろうと望む人々のことについて、次のように述べています。

これらの初心者は、祈りにおいても、隣人愛においても、自らの欠点に関しても、忍耐することができない。欠点などは一日で取り除こうと望む。彼らは自分が何を望んでいるのかを知らない。彼らの必要としているものを、神が望まれる時に、彼らに与えてくださるまで、静かに待つだけの忍耐力を持ち合わせていない。

けれども怠け者がこの言葉を盾に取らないように、彼は直ちにこう付け加えています。

もっともある人々は、進歩したいという望みに関して、あまりにも気長で、神もそれほどであってほしいとは思われないほどである。

聖人は、これらの両極端の平衡を保っています。ダイナミックな局面をはらむ毎日が、十分に活用されるべきであると主張する一方、変容の過程には時を要することを知らねばならぬと言っています。変容は、倦まずたゆまず求められるべきです。『霊の賛歌』には、このような美しい一例が載っています。第一の詩では、霊魂が愛する方をせっかちな思いで探し回っていますが、第二の歌では、じっくり待つよう覚悟が求められています。

われわれの困窮や願いごとのすべてが、望んだ度合いのとおりに神に聞き入れられるわけでない。神の御目に適当と思われる時期・時節・分量に達するまで、われわれは待たねばならないのである。その時、初めて神は見届けた、聞き入れようと言われる。これについて出エジプト記に一例がある。イスラエルの子らは、エジプトに隷属して苦しむことすでに四百年を経て、神は初めてモーセに向かっておおせられた。「わたしはわたしの民の悲しみを見た、そして彼らを救うために降って来た」（出エジプト3・7）と。しかしながら、この悲しみを神はいつも見ておられたのである。

彼らは全期間を通じて祈り、天を振り仰ぎ、嘆息していたのでした。四百年が経過した後、神はおおせられます。「私はあなたがたの訴えを聞いた」と。神は私たちに対して、救いを四百年遅らせるつもりはないのです。ここには、性急さと漸進的発展の均衡の取れた状況の一例をかいま見ることができます。

今日の修道生活において、荘厳誓願（終生誓願）を立てた瞬間から、このダイナミックな性急さが失われてしまうという傾向があります。私たちには、全生涯を通じて保持すべき自己批判力が求められています。なぜなら本格的な修道生活がようやく始まったところで、もう終わったと思ってしまうからです（よく、「あの修練者には修道生活への適性がない」とか「素質がない」とか言いますが、自分自身を振り返れば、さてどうでしょうか）。グラシアンが会から追放されようとした時に開かれた総長顧問会の席上で、十字架の聖ヨハネは、あからさまにこう述べました。「あなたがたがグラシアン師を罰しようとするならば、私をも罰しなくてはならない」と。それは高貴な魂の叫びであり、彼はその時、明快に自己の見解を表明したのです。そしてこれが、今問題にしているダイナミズムです。私たちはまた、養成期間、つまり会則にのっとった養成の時期こそ、霊的成長と体験に最善の時期であると判断しがちです。しかしながら、二十七、八歳にならなければ、何が神と人の前に本質的な仕事であり、自分の責務なのかを見極める力が育っていないのが普通でしょう。夭折した聖人、たとえば聖テレーズなどは例外です。彼女は十分に成熟に達していました。けれども私たちが、荘厳誓願（終生誓願）の後、完全に一人前になったと思うならば、そこで私たちの成長は、もう止まってしまうことでしょう。養成期間中、いろいろ分からないことがあったにせよ、今や養成は終了したのだといった具合に思うならば。ヨハネが描写しているのは、絶えず発展し続ける過程です。『カルメル山登攀』は旅であり、『暗夜』も旅であり、『霊の賛歌』は探索です。**聖人の使用する象徴は、すべて動的なものです。**最終段階を示す『愛の生ける炎』にしても、永遠の栄光への熱望へと変容されていくことにおいて、これまた動的なものです。「愛は決して満たされることはない」と聖人は語ります。

期待されるこの変容とは、どのようなものでしょうか。第一段階は、対神的（霊的）次元で自己を確立することであり、信仰・希望・愛に動機づけられた、神と一致した生にしっかり根を張ることです。とはいうものの、対神的次元の諸徳が倫理的諸徳の実践や行動に直ちに結びつかないことは、私たちの経験が示すところです。**倫理的諸徳の実践や生活の変容が見られるのは、第二段階においてです。第三段階は、情緒的感情的生活をも含んだ心理的次元です。**多く祈り、非常に熱心で、愛情にあふれてはいても、潜心してはおらず、散漫な状態にいることが、行動を通して明らかとなる人々がいます。このことは、以上の三つの異なった次元が、必ずしも同時に変容しないことを示しています。例えば、神秘体験を持ちながら、集中することができず、想像や思念が落ち着くことがないといった人々がいます。この良い例は、私たちの母、聖テレジアです。彼女は一般的な意味での黙想を行うことができませんでした。

これらの三つの次元を区別することは、重要であり、しかも大変有益です。まず対神的次元＝神との一致。次に倫理的次元＝諸徳の実践。そして最後に、感情や情緒の世界を包含した心理的次元が来ます。ただし、この区別を具体的人間に適用する際には、あまりシステマチックに処理してはなりません。

三つの次元の不一致の例として、今世紀の聖人伝の中に、アルコール依存症のアイルランド人の例を見ることができます。彼の名はマット・タルボットと言い、現在、列福調査が進行中です。勤めていた工場から解雇された後、彼の仕事仲間は、しばらくの間、彼のためにお金を工面していました。しかし、そのお金がみな飲み代《しろ》に使われていたので、ある日、彼への経済的援助は打ち切られました。彼は仲間を恨みつつ家に帰り、そうこうしているうちに回心したのでした。これは、まことに特殊なケースだと言えます。鉄の鎖を身にまとい、毎日、幾つものミサにあずかるほど、強固な意志と苦行への熱心さがあったにもかかわらず、通りに出るやいなや、ほとんど無意識のうちにパブに入ってしまうのでした。意志の力ではどのように努力しても成功しなかったので、外出する時は、彼はお金を一銭も持つまいと決心しました。それからはパブに入ってもお金が払えないので、お酒を口にすることができず、こうして自分のアルコール依存症から解放されたのでした。これは実に極端な例です。一方には、神と密接に一致した生活が実際にあり、他方には、まったくなおざりにされた倫理的生活があるのです。まことに極端なケースですが、霊的生活においては、多くの人は一挙にすべてを求められても無理であり、段階的に発展しなくてはならないことを示しています。

エキュメニズムに関する第二ヴァチカン公会議の『エキュメニズムに関する教令』は、教会のすべてのドグマを一度に受け入れることができない人々であっても、彼らが教会に入ることを望むならば、教会は彼らを迎え入れるべきであると述べています。この点、今日の教会は、三位一体や受肉の神秘に関わりのない、二次的なドグマの問題に関しては、以前に比べ、はるかにおうような態度を取っています。たとえば、聖母被昇天の信仰などは、プロテスタントの信者が関係しているところでは、当分、不問に付することになるでしょう。つまり、その人が教会の信仰へと徐々に成長するまで。十字架の聖ヨハネにとっても、同じ原則が養成の過程に妥当します。人の成長には、時が必要だということです。彼の死後に著された『ディクタミネス（Dictamines）』の中で、エリゼオ師はこう言っています。「ヨハネは、人は完徳のために熱心に努力すべきだが、穏やかさを失ってはならないという方針を堅持していた」と。神的事柄が、力まかせに一挙に獲得されたということは、いまだかつて聞いたことがありません。

実に聖人は、神の視点から、完徳の全道程を私たちの眼前に提示しています。『暗夜』の冒頭で、彼は神を、赤ん坊に乳を与え、胸に抱きしめ、愛撫する母親の姿になぞらえています。赤ん坊は大きくなれば、当然パンを与えられ、一人で飛び回るようになるのです。ホセ・ビセンテ神父は、今日まで知られずにきた小さな逸話を、最近、発掘してくれました。聖人が生後わずか数カ月の赤ん坊であった時のことです。女の赤ちゃんが、彼と共に、母の乳を分け合ったというのです。つまり、彼の母カタリーナは、少しでも生活の足しになればと、乳母《うば》の仕事を引き受けたのでした。十字架の聖ヨハネが、本来自分のものである乳を、よその子どもと分かち合わねばならないほど、母親は極貧にあえいでいたのでした。女の赤ちゃんの父親は、カタリーナが、貞潔を守るとてもすばらしい女性だったので、多くの女性の中から彼女を選んだと、後日、語っています。彼は、自分の小さな娘が母乳とともにカタリーナの人間的に善いところをも吸収しているのではないかと考え、給金の他に若干多く支払うことにしていました。実に興味深いエピソードです。この母親は、自分の子どもたちの命を長らえさせるために、どれほど多くのことをその身に引き受けたことでしょうか。ヨハネが優しい母としての神のイメージを、彼自身の母から得たということ、それが自分の母の反映であるということは、至極当然のこととして受け取られましょう。これは、ヨハネの著作がいかに彼自身の生涯と密接につながっているかを示す一例です。彼の作品は、彼の間接的な自叙伝とも言えるものなのです。

神の働きは、段階的、漸進的であると述べてきましたが、聖人によれば、神は私たちの歩むペースを尊重しておられるのです。神は一般に、感覚に大きく依存している外的なところから始め、やがて感覚を超越した神秘的次元へと最終的に導かれます。とはいえ神は自由であり、通常、後に来るものを最初に与えられることも、あるいはすべてを一挙に与えられることも、ままあります。ここには、聖人が私たちに注意を喚起している重要な原則が見られます。すなわち、人間の存在は、決して体系の中に組み込まれ得ないということです。観想の祈りを真に生きていても、潜心に集中できない人々がいるのです。この潜心に集中できないことを、祈ることができないことと誤解してはなりません。神は、彼らをも別の道によって導いておられるのです。十字架の聖ヨハネを知る人たちは、相手の話を聞く前に多くを語る霊的指導者を、彼が信用していなかったと異口同音に語っています。神がその人の内部で、いかに働かれているかを、まず知る必要があるということでしょう。

おしまいに、すでに述べたことを、もう一度繰り返したいと思います。つまり、霊的道においては、進歩したいという性急な思いと、自分自身に対して求められる忍耐との間の「均衡」は、「聖霊への従順と真剣な努力」を通して、初めて生まれてくるものだということです。なぜなら、聖人が言うように、初心者はすべてを一挙に成し遂げようとするので、歩調は穏やかにされねばならず、逆に彼らが暗夜の第二段階に達した時には、足早に歩むようにせかされねばならないからです。

第三講話

信仰による照らし

対神生活への手引き

十字架の聖ヨハネを解釈する上で、現在は過去のいかなる時代にもまして恵まれた状況になっています。というのも第二ヴァチカン公会議が、みずからその先駆けとなってくれたからです。『司祭の養成に関する教令（Optatam totius）』の第八項において、公会議はこう述べています。

霊的養成は、このような実践のみにあるのではなく、またただ宗教的感情をはぐくむことにあるのでもないことを心すべきである。むしろ学生は、福音の理想に従って生きること、そして信仰、希望、愛のうちに堅固にされることを学ばなければならない。こうして、学生はこれらの諸徳の実践によって祈りの精神を身に付け、自分の召命を強固なものにし、他の諸徳を精力的に修め、すべての人をキリストのために獲得する熱意を増すことができるようになるのである。

この考えは、私たちの聖なる師父十字架の聖ヨハネの教えにきわめてよく合致するものです。一九四〇年ないしは一九五〇年頃までは、聖人はすべての事項を対神徳に基礎づけているゆえに、神学者とは言えないという意見が、神学者の間では圧倒的多数を占めていました。**霊性神学の神学者たちは、霊的生活の基礎として倫理徳や聖霊の賜物を強調していました。**しかし一九六〇年以降、十字架の聖ヨハネは、霊的生活の神学者と見なされるようになってきました。それは、**彼が三つの対神徳の上に神と霊魂の一致を基礎づけているからです。**聖霊の賜物に関する教えは、今日では、その重要性をやや失ってしまいました。

啓示や神学者たちの見解は、聖霊の賜物についてどのように述べているのでしょうか。

伝統的には、それらの賜物を受け入れることができる特別な習慣的態度、特別な能力が人間の側に必要とされると言われてきました。聖霊の賜物自体は変わったのではありませんが、それらが特別な習慣的態度によって受容されるという考えは、今日ではもはや支持されなくなりました。それ以来、十字架の聖ヨハネは、**たぐいまれなる**偉大な霊性神学者として浮上してきたのです。というのも、**対神徳は聖霊の賜物を受け取るまったき道を準備すると**、彼が述べているからです。

なぜ聖ヨハネは対神徳にそれほどまで熱心な態度を示したのでしょうか。それは、対神徳が神と交わるに最もふさわしい仕方であると彼が考えているからです。信仰は、神が人間に語りかけるための神の手段であると同時に、人間が神からの言葉を聞き取る器官でもあるのです。それゆえ、能動的でもあり受動的でもあるのです。聖人は、信仰におけるこの二側面を把握していました。聖性や神との一致は、相互的な事項だからです。倫理徳は、人間が神へ語りかけるために人間の努力や修練を求めてきます。対神徳は主として受動的であり、神から来るものであるのに対し、倫理徳は私たちから生まれるものです。人間の側では幾分受動的に受け取られながらも、同時に能動的でもある神秘的合一という概念に、対神徳による卓越した基礎づけが、十字架の聖ヨハネによってもたらされました。このことは、この講話の第二の要点でもあります。

十字架の聖ヨハネが生き、かつ説いた信仰

ここで問題とされているのは、能動性と受動性という二重の作用を持った信仰のことです。確かにこちらが話すだけで、相手の方からは何も聞こえてこない電話とか、ひたすら聞くだけでこちらからは何も答えることができないラジオとかが考えられます。しかしながら信仰は、受け取り、応答するという二つの方向を伴う交わりを求めています。セゴビアで聖人に出会った神の母のアロンソ修父は、**十字架の聖ヨハネの個人的な信仰**について語っています。彼によれば、聖人の話を聞いた人々は、ヨハネが肉体の目をもって見たかのように、神や信仰の秘義について語ったために、みな彼を賛嘆したということです。**第二の証しは、彼の著作**です。そこでは信仰は、啓示と観想の両方の確実で神聖なる手段として示されています。それは、自分の内に何か特別な超自然的影響が生まれてくるかどうかなど、まったく頓着しない信仰です。慰めや霊的感情は、それらが神からのものである

ことの何の保障にもなりません。**第三の証しは、彼自身の生涯です。**彼が迫害に遭い、闇の時間を過ごしていた時、彼がただ神の現存を体験するのみであったことは、明らかなことだからです。もう生き続けることが不可能であるかのように思えたその時に、彼に生きる力を与えたのは、信仰に他なりませんでした。トレドの牢獄や、生涯の終わりの数カ月に忍ばねばならなかった彼に対する中傷運動などが思い浮かびます。十字架のヨハネは信仰について、まず第一に彼の観想体験を通して、第二に著作によって、第三に実存体験を通して語っていると言うことができます。

彼が信仰について語るとき、異教徒や未信者を説得し改宗させるといった護教論的意図をもっていなかったということは、心に留めておくべきことでしょう。彼が語りかけているのは、熱心にキリスト教の神を信じ、霊的に深い生活を送ろうと望んでいる人々です。彼が扱っている不完全さや弱さは、信仰のない人々のそれではなく、霊的生活を一生懸命に生きようとしている人々、換言すれば観想者のそれなのです。

カラヴァカのあるシスターは、このように言っています。「私や他のシスターたちに与えた教訓や助言のすべてにおいて、彼は対神徳、特に信仰について語っていました」。これは、彼がシスターたちにどのように話していたかを知る上で、まことに興味深い証言です。彼が霊的指導者として人々を信仰の道に沿ってどのように導いたかは、すでに指摘したとおりです。対神徳は、今日でも興味深い問題だと言えます。教皇ヨハネ・パウロ二世が博士論文のテーマとして取り扱ったぐらいですから。現代の神学者が好んで取り上げるテーマでもあります。信仰の仲介者としてのキリストが論究されています。第二ヴァチカン公会議では、神の啓示に関する教義憲章の第一草案においてこの点が触れられ、また幾つかの司教会議では、このテーマが十字架の聖ヨハネの解釈に従って展開されるべきだという主張がなされたということです。

信仰は、聖人の解釈に従えば、三つの次元を持っています。すなわち、第一が生ける神の秘義、次に啓示を受け取る人間の態度、そして第三として信仰を私たちに伝えてくれる諸媒介。

信仰の中心としての神の秘義

最も中心的な次元であり、ヨハネに最も親密な次元は、もちろん神の秘義です。これは、ヨハネ・パウロ二世教皇が博士論文で取り扱った次元でもあります。彼がその論文を執筆した頃から、このテーマはさらに深く掘り下げられてきました。一九四八年にその論文を完成したとき、彼は二十七歳でした。ラテン語で書かれた原文は、一九七九年に各国語に翻訳されました。ある批評によれば、この作品はそれ自体が重要だからではなく、著者が教皇になったという理由で興味深いものだということでした。

教皇の論文と今日の思想の差異は、まさに次のようなものです。すなわち、その論文が書かれた当時、十字架の聖ヨハネにおける信仰は、一つの習慣、状態、隠れた態度として論究されていました。これに対し、今日では聖人の研究は、信仰の内容、つまり生ける神の秘義に向けられています。聖ヨハネにとって信仰の概念は、実に多くの事項を意味しています。なぜならそれは、彼が自分の信仰を生きるうえでのあらゆる次元を含んでいるからです。**観想者は、その全存在を神の内に根づかせ、展開します。またその生の深浅は、彼が抱く神像に対応しています。**神像が生き生きとして具体的なものであるならば、かなりの深さを生きているということになりますし、神像がぼんやりしているならば、その観想生活は、底の浅いものとなることでしょう。神が私たちにとって生きているお方であり、私たちのために現実に実在する、ペルソナを持った神であるならば、自然や祈りの中で、また困難や日常のささいな出来事の中で、神との出会いはより生き生きとした真実のものとなることでしょう。聖人は、まるで絵の中にいるかのように神と出会っている霊的な人々がいると、ある所で言っています。人間的レベルでも、ある人の肖像を眺めるのと、その人に直接的な関わりの中で出会うのとでは、大きな相違があることに誰もが気づいています。この出会いを可能にするのが信仰なのです。

十字架の聖ヨハネの代表的な言葉に次のようなものがあります。「神は信仰の実体であり、概念である。また信仰は神秘であり、秘義である」。**ヨハネは、神の超越性を特に強調することで知られています。**しかしながら、この超越性は、神がはるか彼方《かなた》にいるということを意味してはいません。スペイン語の用語から、それはすべてに卓越し、くみつくすることのできない、概念を越えた豊かさ、恵みを意味しています。神とのあらゆる接触において、私たちは神の中に新たな側面、新たな特性を見いだすのです。それが神の超越性の意味するところなのです。十字架の聖ヨハネが神の無限の超越性について語る時、闇や夜といった表現だけを使用しているのではありません。それらは、迫害の体験に由来するとの印象を与えることでしょう。彼にとって、神の超越性は、神の卓絶した寛大さをも包括しているのです。神は恵みを与えられる場合、私たちが想像する以上の恵みをくださるのです。神の恵みの大きさは、私たちの理解を超え、あらゆる期待を粉砕します。神が愛する者に恵みを与えられる時、その賜物にはいかなる表現も当てはまらないのです。このような積極的な意味で神の超越性を捉えないならば、それは、理解することができず、暗く重苦しい、はるか彼方のことといった否定的な意味に限定されてしまうことでしょう。

聖人は、この両面を言い表すために、言葉の興味深い組み合わせを行っています。彼には二種の言葉を、すなわち一方では神の唯一性を表す言葉を、他方では慈しみ深い優しさや親密さを表す言葉を使用しています。彼は神について語る時、「広大無辺な、無限な」という語を単独で使うことはしません。それは、その語が距離を暗示しているからです。

とはいえ、優しさを表す語だけも使用しません。それは、神を矮小《わいしょう》化し、格下げすることになるからです。『霊の賛歌』の第二十七の歌の解説において、彼は「広大無辺の、無限の父」について語っています。彼は神の偉大さについて述べますが、神は単に広大無辺で無限なのではなく、「父」でもあるのです。書簡二十三では、「私たちのこの偉大なる父」とも言っています。神は偉大であるとともに、私たちの父でもあるからです。また、「なんと偉大な神を私たちは持っていることか」とも述べています。「愛し焦がれる魂の祈り」の冒頭で、彼は「主なる神よ、わがいとしきお方よ」と呼んでいますが、そこにも今まで述べてきた二つの側面が一緒になっていることが見いだされます。最も良い例は、『霊の賛歌』の第二十七の歌の解説でしょう。そこでは、こう述べています。

　この内的一致において、神は霊魂とあまりにも愛深くお交わりになるので、たとえ母親がどんなに愛深くその子どもを愛撫しようとも、また兄弟や友人の愛がどれほど優しくとも、これほど真実な愛にはとても比べられない。**広大無辺の御父**が、この謙遜な愛深い霊魂を愛撫し、高める時の**優しさや誠実さ**は、ああ、なんと不思議なことだろう。それは、まったく恐れと驚嘆に値する。**神は霊魂を偉大なものとするために、まるでご自分は僕であり、霊魂は女王であるかのように、霊魂に服従なさる。**また、霊魂を喜ばせるためにみ心をつかいたもうこと、あたかも、ご自分は奴隷で、霊魂がご自分の神であるかのような観がある。神の謙遜と優しさとは、なんと底知れぬものであろう。

翻訳の際には、十字架の聖ヨハネが言わんとすることを知るために、彼の全体像を心に留めておく必要があります。dulcedo Dei（神の優しさ）という表現を翻訳することは、大変難しいことです。十字架の聖ヨハネも、ternura Dei という表現を使う時、同じことを感じたらしく、もう少し厳しい内容を含んだ他の語と結び合わせています。私たちの言語では、それは感傷的な意味になりがちであり、感傷的に使用している作家も多いのです。十字架の聖ヨハネは、常にこれらの二つの面の均衡を保とうと苦慮しています。神の愛は、優しさと誠実さに満ちていますが、この愛を浮き彫りにし、母や兄弟の愛、また友人の愛とも区別するために、感傷的な表現を多用しないように注意すべきでしょう。**聖人の神の**

イメージは、そばにいて愛を注いでくださる神ですが、同時にその神は広大無辺であり、計り知れないお方なのです。あるエピソードが伝えられています。彼がグラナダの院長であった時、そこには一人の無学で単純な評判の良い修道士がいました。ある日、聖人は共同休憩の時、この修道士に「フランシスコ修道士、神さまとはどんなお方ですか」と尋ねました。修道士は、「神さまとは、ご自分でご自分であろうと望まれるところのすべてです」と答えました。換言すれば、「私は、神がご自分の望まれるすべてのものであるように、神を自由のままにいたします」ということでしょう。彼は、自分の持っている神概念を神に押しつけたり、神をあれこれ定義づけることを嫌ったのでした。証言によれば、この答えを聞いた聖人の喜びは非常に大きく、喜びのあまり、二、三日の間、まったく話をしなかったということです。

かくして神とは、ご自分がご自分であろうと望まれるところのすべてなのです。広大無辺でありながら、近しい神なのです。『カルメル山登攀』を数ページ読むだけで、近づきがたい、関わりがたい神のイメージが登場してきます。けれども十字架の聖ヨハネは、そこに留まることをしません。彼は、この超越的な神のイメージに加え、『霊の賛歌』の第二十七の歌で触れている神のイメージを挙げます。「神は、**あなたが感知できずとも、あなたの内に**おられます」。ここにも二つの側面があります。「神は、**隠れた方として、あなたの内に**おられます」。暗闇と無味乾燥の時のように、神はおられないと考える過ちを犯さないように。隣の部屋に子どもがいて、さんざん騒いだ後、静かになったとしても、そこから子どもはもういないとは結論しないでしょう。騒ぐことは、子どもの本質とは何の関わりもないからです。同様に、私たちが神の現存を感じ取ることができないとしても、神はいないと結論してはなりません。神の現存を感じさせることは、神の本性に属していないのです。聞くことも感じることもできない時に、私たちが神の現存を知覚できるのは信仰によるのです。

キリストにおける啓示

神の超越性に引きつけられながらも、聖人は具体的な事項を必要としています。一般概念では満足することができないからです。神を私たちに啓示しているのは、キリストという人間です。第二ヴァチカン公会議で『神の啓示に関する憲章』について討議していた時、多くの司教が十字架の聖ヨハネの線が尊重されるようにという要望を表明しました。キリストこそ、聖人の神秘主義を具体的な、人間味のある、現実的なものとしているのです。十字架の聖ヨハネは、もっとも明白なキリスト教的神秘家と見なされてきました。しかしながら、過去の世紀においてきわめてしばしば、彼は神性に関して一般的で漠然とした神秘主義の代表者として捉えられてしまいました。彼は取り立ててキリスト教的ではないと考えられたのです。あるイギリスの著作家は、この主題について本を著し、十字架の聖ヨハネにはどこにもキリスト教的なものはないと述べています。しかしながら、ヨハネの神秘主義的教説からキリストを取り除くならば、建物の礎は失われることになるでしょう。その著作家は、ヨハネの教説にとって、キリストはそのような要石《かなめ》ではないと主張しています。壮年期のカール・ラーナーも、同様の不適切な発言をしました。それによって、彼が十字架の聖ヨハネの作品を読んでいなかったことが明らかに分かるのですが……。彼によれば、十字架の聖ヨハネは、すべての神秘家のように、キリストを自分の体系の中に組み込むことに四苦八苦しているということです。彼はそうするために、自分の意に背かねばならなかったと。しかし、十字架の聖ヨハネにとって**信仰は、ただただキリストが存在するがゆえに存在するのです。**

『カルメル山登攀』の第二部の有名な第二十二章において、ヨハネは福音的かつキリスト論的アプローチを展開しています。旧約において、神はご自身を預言やヴィジョンや語りかけによって啓示されたが、新約においては、それらは一切終わりを告げたと述べています。そしてこの言明に異議を申し立てる反対者を紹介しています。実際、聖人の教えに対し、次のような異論が唱えられました。旧約の下では信ずる者が神に問いかけ、その答えを個人的に受けることが許されていたのならば、また新約の下ではもはやそれができないのであれば、古い律法の下にいた人々より、新約の下で神の子となっている私たちは、ずっと割の悪い状態にいると。これに対し、聖人はこう答えています。「神は断片的に預言者に語られた。しかし今や御子というすべてを与えられることによって、一切を語り尽くした」と。この後、キリストの人間性を観想した聖人の美しい文章が続いています。今日なお、神に何かを尋ね求めるならば、神は次のようにお答えになるであろうと。

私は、私の言葉であるわが子によって、すべてのことをあなたに話し、その他何も言うべきことを持たないのに、なおそれ以上のことを答えたり示したりすることができるだろうか。あなたは**その目を彼の上にのみ注げ**。なぜならば、彼において私は、あなたにすべてを語り、かつ啓示したのであるから。**あなたは**、あなたの請い求める以上のものを彼のうちに**見いだす**であろう。あなたは部分的に言葉や啓示を求めているが、**彼の上に目を注ぐ**ならば、それを残りなくすべて見いだすであろう。というのは、彼は私の言葉と答えのすべてであり、ヴィジョンのすべてであり、私の啓示のすべてであるからである。あなたたちに彼を、兄弟とし、友とし、師とし、値とし、かつ報いとして与えることにより、あなたたちにすべてを語り、答え、はっきり示したのである。私は、かつてタボル山において、私の霊と共に彼の上に降り、「**これは私の愛する子、私の心に適う者。これに聞け**」と言った。この時以来、以前の形での教えや答えから手を引き、すべてを彼キリストに委ねたのである。あなた方は**彼に聞け**、私は啓示すべき信仰、宣べ伝えるべき事柄をそれ以上持ってはいない。

ここで少し、聖ヨハネの用語について触れておいた方がよいでしょう。キリストの人性について語る場合、聖テレジアのように語るのは彼のやり方ではありません。彼にとってそれは、あたかもイエスの人性に絶対性を帰すかのように映ったことでしょう。彼が使用する表現は、「人性より見たキリスト」「神性より見たキリスト」です。そうしたのは、キリストが単なる人間であるかのように語られた十六世紀の神学に対抗してのことです。第二十二章から引用した上記の文には、「彼に聞け、彼に目を注げ、わが子を見よ、彼からあなたの目を離すな」など、幾つかの表現が見られます。ここから、彼の観想がいかに現実的なものであったかが分かります。神は彼にとって、抽象的な神性ではなく、福音書のうちに示された肉となった神に他なりません。典礼暦にある祝祭日に、彼がどのようにキリストの秘義を祝ったかを知るならば、受肉に対する彼の特別な愛や具体性を伴った彼の観想が浮かび上がってきます。修道院では行列あり、馬小屋あり、劇の上演もありました。グラナダやセゴビアのクリスマス・イブには、修道士の中の二人が、マリアとヨセフに扮さなければなりませんでした。修道院の各隅には宿屋がしつらえられ、修道士の一人が宿屋の主人となり、マリアとヨセフの宿泊を断るという段取りになっていました（聖ヨハネは決して宿屋の主人の役をせず、いつもマリアとヨセフを助けていたそうです）。修道士たちは、この演出のために修道服から他の服に着替えませんでした。彼らは聖人の殉教の時と同じように振る舞いました。異教徒役の修道士はスカプラリオを取り、殉教者たちは白いマントを着て正装しました。修道士の一人は裁判官の役を演じ、刑を宣告しなければなりませんでした。この劇の絵が、今なお残されています。

これらすべての逸話や思い出から、ヨハネの観想がいかに現実的なものであったかが分かります。単に内的なものではなかったのです。とはいえ、ただ外的な祝典でもありませんでした。彼は常にその秘義を内面化しました。証人の一人にバエサ出身のマリア・デ・ラ・パスという名の少女がいますが、彼女によると、彼女にはその日に何が祝われているのか聖人の顔から読み取ることができたということです。たとえば、クリスマスには深い内的な喜びの表情を示し、聖週間には悲しみの表情をしていたということです。彼の観想は、周りの人にもそれと分かるもので、決して単なる内面での出来事ではなかったのです。

キリストの秘義に対する彼の観想は、テレジアのそれとは異なっていました。彼女の観想は、サクソニーのルドルフの書物に基づいていました。けれども、その手の本はすでに幾つか存在していましたので、十字架の聖ヨハネは、**啓示する者としてのキリストと神のいとし子としてのキリスト**、信仰のキリストと花婿としてのキリストという二つのテーマに焦点を絞っています。おのおののテーマには、関連した幾つかの表現があります。**啓示する者としてのキリストは、神の言葉、師、模範と呼ばれ、いとし子としてのキリストは、花婿、友、伴侶と呼ばれています。**とはいえ、これらの付け加えられた名称は、上述の二つのテーマのいずれかに関係づけられています。いとし子は三一三回、花婿は二三二回、救い主は二十四回、贖い主は二回、主は七十六回、神の子は一三八回、彼の著作の中で用いられています。

モレルという神学者は、十字架の聖ヨハネがキリストとの親密さについて語る場合、最上級を使っていないということを指摘しています。彼は「いとも優しいイエス」という表現を二、三回しか使用していません。「どうか、忠実な霊魂たちの花婿である、いとも優しいイエスが、そのみ名を呼び求めるすべての人を、喜んで栄光に満ちた霊的婚姻へと導いてくださるように！」

ところが、彼は同じ内容を異なった言葉で表現することを好みました。例えば、「**私た**

ちの贖い主」とか「**私たちの**救い主」とか「**私たちの**主」といった言葉で。このことは、彼が哲学的な主題ではなく、キリストは私たちのキリストであるという一つの関係について語っているという印象を直ちにもたらします。

信仰の光：信者の態度

信仰の**徳**というと、すぐに信者の態度が問題とされます。しかしすでに見てきたように、十字架の聖ヨハネにとって、信仰は包括的な概念であり、神の秘義がその中に内包されているのです。だから、以下においては、信者における信仰という信仰の第二の側面について論じることにしましょう。

信仰とは、神がご自身を知覚できるよう人間に与えた一つの能力です。例えば、ラジオやテレビは、送信機と受信機から成り立っています。受信機自体は生命のないものです。しかし、必ず番組を放送する送信機がなくてはなりません。対神徳としての信仰について語る場合、当然、発信機か送信機のあることがきわめて重要です。泉の詩では、こんこんと湧き出る泉の存在が、何よりも重要なのです。受信機としての人間の仕事は、番組を受け取る準備をすることです。私たちが発信機（送り主）に自分をより正確に合わせれば合わせるほど、受信状態はますますよくなることでしょう。テレビが最初発明された時、二次元の白黒の画像しか見ることができませんでした。その後、カラーテレビが発売され、やがてカラーで三次元の画像を楽しむことになりました。同じことが、信仰についても言えます。白黒でしか見ることのできない人々がいて、他方、カラーで三次元で見ている人々がいるのです。すべては信仰の態度、徳、能力にかかっています。しかし、まさに**信仰という対神徳は、神からの賜物なのです**。後ほど愛について論ずる時、考察することになりますが、聖人は『霊の賛歌』において、神の愛の伝達の仕方について、実に美しい例を挙げています。

ここで霊魂は、神がその愛を、実際には与えてくださるにもかかわらず、与えてくださるとは言わず、――（霊魂には単に神が霊魂をお愛しになるだろうと言っているように見えるから）――ただ自分が望んでいる完全さをもって、いかに神を愛すべきかを神が示してくださるだろうと言っているにすぎない。事実、来世において、神は霊魂にご自分の愛を与え、この愛において霊魂に、自分が神から愛されていると同様に、神を愛することが示される。というのも神は、そこでご自分が私たちを愛されるように、清く、自由に、無私無欲に愛することを霊魂に教えられるばかりでなく、前述のとおり、霊魂をご自分の愛に変化させ、霊魂に、神を愛することを可能にするご自分の力を与えて、ご自分が霊魂を愛されるのと同じ力で愛することを可能にしてくださるからである。そしてそれは、ちょうど彼女の手に楽器を持たせて、彼女と共にそれを奏でながら、彼女にそれを奏でることを教えるのにも似ている。それは、彼女に愛することを教え、そして愛することができるようにすることである。

このように、この交互的な演奏は、聖霊と霊魂の共同作業なのです。人間が神に返す信仰の応答も、神からの賜物です。信仰のうちに物事を見る力は恵みであり、これによって暗闇の中で神の手を見、知覚することが可能になるのです。非信者にとって、聖書は興味深い文化的文書以上のものではありません。信者も非信者も、同一の媒介を持っています。

自然、人生の悲しみと喜び、さまざまな価値観を持った人間などは、両者に共通しています。災難に出会うと、非信者は悲劇しか見いだしませんが、信者はそこに神の手が働いているのを見ることができます。ヨハネに対する迫害が始まったマドリードの総会について、「それは神の手である」と聖人は言うことができました。他の人ならば、その中に人間の陰謀しか見いださなかったことでしょう。それゆえ信仰とは、毎日の歴史的な出来事の中に、非信者のように盲目的な運命を見るのではなく、神の手を見る能力だと言えるでしょう。しかし、信者であろうと非信者であろうと、ぶつかる現実は同じなのです。それは、十字架の聖ヨハネがトレドの牢獄でヴィジョンを見たということではなく、彼の信仰がその出来事の中に神の手を見ることを可能にしたということです。神はご自身でそれらのことを行いません。それらは、自然的に歴史的に発生したものです。そこに病気や罪や人間の不完全さが働いているといってよいでしょう。しかしながら、信仰はもっと多くのことを見るのであって、それが観想者を特徴づけ、象徴するところの信仰のヴィジョンなのです。

観想者とは、神に心を奪われたと感じており、内的にも外的にも生起する一切の事柄の中に、個人的に彼に向けられた神の顔を見、神の手を感じ、神の声を聞くことができ、さら

に神が彼に応答してほしいように応答しようと努める人のことです。これが、十字架の聖ヨハネの言おうとしていることです。彼は不信仰ではなく信仰に、それも霊的生活を生きようと努めている人の信仰に関心を抱いているのです。彼の望みは、自然の現実や出来事とか人々の現実が、神を求める観想者に透明なものとなるよう、彼らを助けることです。

『霊の賛歌』のある一節で、聖人はこう言っています。「あなたの銀の水面、あなたの憧れの瞳を、にわかに現してくれるなら」。彼の言う信仰の真理とは、「私を見つめられる眼」であり、そのような生きたものです。他の詩人は、こう言いました。「**眼は、その眼で私が見るから眼なのではなく、眼が私を見ているから眼なのです**」と。「霊魂は、これらの真理を眼と呼ぶ。それは愛する人の現存を心の奥深くにあまりにも強く感じ、彼がいつも自分を見つめておられるように思われるからである」。この眼は、ここでは受動的な役割を果たしています。したがって、観想者とは、単により深い次元から物事を見るというだけでなく、自分が見つめられ、見守られていることを知る者でもあります。「あなたが私をごらんになる時」という場合の「見る」は、愛すると同義です。神は愛をもって私たちを見ておられるのです。このことを信仰に関連づけるならば、**観想において問題なのは、**

真理を私たちが理解するということだけでなく、真理が私たちを見ているということでもあることが明らかになるでしょう。それは、あたかも私たちが眠り込み、ふと目をさますと他の人に見られている自分に気づくかのようなことです。これが、観想者の基本的態度であり、この信仰の態度こそ、人が神に結ばれているがゆえに、すべての事項の中に神を見、体験することを可能にさせるのです。このようにして自然も十字架の聖ヨハネにとって観想体験になりえたのでした。

信仰には、見過ごすことのできない闇があります。それは、薄暗い光、もしくは明るい闇です。『暗夜』の歌において、このことはきわめてよく表現されています。こんこんと流れ出る泉の歌においても、「私は実にありありと見る　夜であるのに」と言っています。したがって、よく見えるのですから、それは真夜中ではありません。また十字架の聖ヨハネが夜には何も見えないと言っていると主張することは、正しくありません。**聖人にとって、信仰はあくまでも光であり、私たちが神的事柄を見るために持ち得る最高の光なのです**。その光は、私が見るものすべてを暗くしてしまうほど強烈なのですが、この文で重要なことは、私は実にありありと見ているという点であって、夜であるという点ではないでしょう。語順を変え、「夜である、だが私は見ている」とするならば、全体の強調点も異なることでしょう。アクセントは夜に置かれ、私が昼同様に見ているという事実は、二次的なものとなるでしょう。しかしそれでは、まったく逆の話になってしまいます。**ヨハネは闇を悲劇へと変えるようなことは断じてしません。**彼の信仰は楽観的であり、光が支配しています。夜であるのに、なんと私はよく見えることかと。神はご自身を啓示し、私たちは神のことについていろいろ知っているのですが、なお闇が残り、完全に光となっていない救いの状態を生きています。聖人は、この薄暗闇の中でくつろいでいます。私は自分の本の中で、こう書いたことがあります。かりに何もかも知り尽くすことができ、そのご計画も私たちに明らかとなるような神がヨハネに示されたとしても、彼はそのような神に何の魅力も感じないことでしょうと。そのような神には何の不思議もないからです。これに対し、彼の神は、ご自身を啓示しながらも、測り知れないお方としてとどまるのです。

やっと信仰という仲介、信仰による出会いという主題にたどりつきました。聖人によれば、私たちの神はキリストの内にご自分を啓示され、**ご自分を見いだすための仲介を私たちに残されていった**神であるということです。おそらく十字架の聖ヨハネほど、仲介、特に人間を通してくる仲介の役割を力説した著作家は、霊性史においていないでしょう。『カルメル山登攀』の第二部の第二十二章では、人間に帰せられる仲介の役割について敷衍《ふえん》しているにもかかわらず、聖人は純粋に自己の内面へと向かった個人主義的神秘家と見なされてきました。神が私たちに与えられる神秘的恵みは、人間によって確認、是認されるまで、何の効力も発揮しないのです。ヨハネは旧約と新約からその例を引いています。モーセがイスラエルの民を自由へ導くために神から遣わされた時、神は彼に個人的に語りかけ、彼を通して奇跡を行いました。しかしモーセは、なお決断することをためらっていました。そこで神は、「私はあなたと共にアロンを行かせる」と言いました。そしてアロンは、モーセに「行きましょう」と言います。こうしてやっとモーセは出かけるのです。神からの直接の言葉も十分ではなく、人間の同伴者が彼にエジプト行きを決断させたのです。

聖人は、こう述べています。

それは、「これは神からのものだ」と自分一人で思い込み、教会や司祭を脇に置き、それに従ったり、それを肯定したりすることは、神の望みたまわないことであることを示すためである。なぜなら、このように一人決めする時には、神は彼の心の中に、真理を明らかにしたり、確かめたりするためにとどまることはないのであって、彼は、その真理に対し、弱く冷たいままにとどまることになろう。

例えば、こういうことがあり得るでしょう。十日間、祈り続けてみたものの、何の決心もできずにいると、たまたま兄弟から「私だったらこう決断する」と言われ、その言葉が祈り求めていた問題への光となるといったことが。また聖人は、聖ペトロと聖パウロの美しい例を挙げています。主は、ペトロと特に親しい関係にありました。使徒言行録には、主が何度も彼の前に現れたと書いてあります。ところが、異邦人キリスト者と食事を共にしていたペトロが、律法を順守する使徒がエルサレムから来ると聞くと、人間的な思いからこれをやめようとします。が、この時、主はこの過ちを直接彼に告げませんでした。それを告げたのは、パウロだったのです。過ちを告げることができる人が周りに二十人以上もいるなら、ことさら天から天使を送って、どうすべきかを伝える必要は、神にはまったくないでしょう。

したがって神は、この世において神と親しい交わりを持ち、しばしば光と徳とをお与えになった多くの人々の少なからぬ欠点と罪とを、審判の日に罰したもうであろう。というのも、神から与えられた交わりや力に頼りすぎて、自分たちのしなければならないことをおろそかにしたからである。それらの欠点は、神ご自身が注意を促したもう必要のないもので、神は、彼らに自然の掟と理性を与えられたというだけで、すでに忠告していると言えるのである。

別の例として、モーセの舅《しゅうと》であるエトロが、どのように対処すべきか忠告したときのことがあります。それは、イスラエルの民が自分たちのもめごとをモーセ一人に裁いてもらうため、何日間も順番を待たなければならない状況が起きていたからです。神はモーセに直接現れ、「確かにお前の舅は正しい」と言われたでしょうか。常識で判断すべき問題であったため、神自らはモーセに何も告げませんでした。したがって、神が私たちの良心を照らされることを期待し、自分の良心にのみ頼るべきではありません。光は他者を通しても、私たちに仲介されてくるのです。しかし、それを判断し、決断を下すのは、良心の仕事です。**信仰とは、神の秘義を日常の具体的な状況の中に置き換えることです**。それが、信仰によって照らされた人間による仲介の働きです。他の仲介、たとえば書物や教会や神の言葉や自然といった仲介を受け入れることは、わりにたやすいことでしょう。しかし、人間や日常の出来事が仲介となると、困難は増大することでしょう。

この関連で、聖ヨハネの手紙を一つ取り上げることにします。セゴビアの院長職と第一顧問の任期が切れる時、聖人が苦渋に満ちた体験をしたことは、周知の事実でしょう。問題は、修道女たちが女子カルメル担当のヴィカリオ（管区長代理）にヨハネを望んだということにあります。これに対し、教皇庁の勅書は、ヴィカリオは必ず顧問会の一員でなくてはならないという規範を打ち出してきました。ヨハネがヴィカリオとなることを妨害するために、彼は顧問会から外されました。他のすべての顧問は再選され、その職にとどまりましたが、彼のみディエゴ・エヴァンへリスタという非常に若い神父と交代させられました。この人物は、その時三十歳で、それなりに有名になっていましたが、聖人の最大の迫害者となり、彼に対する中傷運動を展開していました。彼は、ヨハネとシスターたちの関係が節度のない、いかがわしいものであると非難しました。このことは、聖人にとって悲しくつらいことでした。生涯の最後の五カ月は、トレドの牢獄での九カ月以上に、つまり肉体的にではなく、情緒的心理的にずっと苦しいものではなかったかと、今日では一般に言われています。十字架の聖ヨハネが涙を流すのを目撃したという証言は二つだけしかありませんが、その二つともこの数カ月の間に起きた出来事です。一度は、マラゴンのあるシスターと会話していた時のことであり、二度目は、マドリードの総会から帰る途中のトレドにおいてでした。彼は慰めを求めて、その日の午後は、トレドの院長、聖マルティンのエリアと共に過ごしたと言われています。エリア神父は、静かで陽気で穏やかな性格の持ち主です。彼は、ドーリアの後、総長代理となり、会が向かっていた方向を変更しました。選挙の後、彼が最初にしたことは、聖人に対する中傷や非難が収録された文書をすべて廃棄するようにとの命令でした。彼は、現代の私たちにとっては貴重な、それらの文書には何の関心もありませんでした。聖人自身の多くの貴重な手紙や書き物は、中傷運動のさなかに、恐れを抱いた人々によって、とうに処分されていました。第二十三書簡は、ヨハネが一五九一年七月六日、セゴビアのイエスのアンナ修母に宛てて書かれたものです。彼女は、セゴビアの修院長、御托身のマリアの母親です。母と娘は、二人して入会し、娘は今や母の長上となっていたのでした。この重要な手紙の内容は、次のようなものです。

お便りくださいましたことを厚く御礼申し上げます。これで、前よりも一層あなたに感謝の義務ができました。あなたは、お望みどおりに事が運ばなかったことを、むしろ喜び、大いに感謝なさらなければなりません。神がこのようにお定めになったのですから、これが、われわれ一同にとって最善なのです。〔著者注〕ここに信仰の目で事態を眺めているヨハネの姿がはっきりとうかがわれます。）今、残っていることは、この現実を喜んで受け入れることであり、神がこのように定められたことを信ずる以上、この身でもってそのことを証ししていくだけでしょう。自分の気に入らないものは、たとえそれ自身がどのように良く、また適当であっても、われわれには悪く不適当に見えるものですから。

別の手紙では、神がくださるすべての事柄に満足しないならば、天国においても満足はできないであろうと言っています。信仰と愛は、満足していられるために不可欠です。それらなしでは、神の意志のみが支配する天国に適応するために二、三年かかるかもしれません。アンナ修母への手紙では、こう続いています。

そして今度のことは、明らかに、私にも誰にも悪いことではありません。なぜなら、これは私にとっては非常に幸福です。もう自由の身となり、人々の霊魂を担当する責任も解除され、自分さえ望むならば、神のお恵みによって平和と孤独と自分および一切の忘却の快い果実を楽しむことができるのですから。また他の人々にとっても、やはり、私なしでいることは有益です。こうして、私の惨めさゆえに犯すかもしれない過ちから救われますから。……彼らが私をセゴビアに行かせて、完全に自由にはしてくれないのではあるまいかと、私はまだ心配しています――それからも逃れるように、できるだけのことはやってみますが。もし、そうできないとしても、イエスのアンナ修母は、ご自分で考えられているように、私の手からこぼれ落ちてしまうようなことはありません。ですから、彼女の考えるように、高い聖徳に達する機会を失ったと言って嘆き死にすることにはならないでしょう。

最後の行には、彼のウイットとユーモアがあふれています。

イエスのアンナ修母の娘で、修道院長である御托身のマリア修母に宛てた他の手紙の断片には、十字架の聖ヨハネの信仰と愛を結びつけている有名な言葉が見いだされます。**愛するには、ある一定の光のもとで物事を見る必要があります。というのも、愛は信仰の態度にとってのみ可能ですから。**神の現存の仲介は、私たちの日常の具体的な状況において、最もきついものとなるでしょう。

……娘よ、私に関することについて悲しんではいけません。それは、少しも私を悲しませないのですから。私が非常に遺憾に思うのは、何も悪いことをしない人に罪が負わされたことです。これらのことは、人間がしたのではなく、われわれに何がよいかを知り、また万事をわれわれの善益のためにお整えになる神がなさったことなのです。神がすべてをお定めになるのだ、ということだけお考えなさい。そして、愛のないところに愛を置きなさい。そうすれば、あなたは愛を刈り取るでしょう。

とはいえ、十字架の聖ヨハネは、これらのことをしたのが人間であることをよく承知していました。具体的にその人々の名も知っていました。マドリードでの総会の帰途、一修道院に立ち寄りました。シスターたちは憤り、彼に同情の言葉をかけました。「神父さま、総会の神父さま方はなんとひどい仕打ちをなさるのでしょう」。聖人はこれに答えて言いました。「いや、シスター、そのような考えは、総会で彼らが私に対してしたこと以上に、いやな気持ちになりますよ。私は、彼らを犠牲にしてまで、慰めを求めてはいません」。洗練された彼の人間性が、こう言わせたのでしょう。彼は事の真実に気がつかないほどお人よしではありませんでした。その証拠に、イエズス会士について語っている、彼のよく知られた手紙があります。その手紙で問題になっているのは、カラヴァカの修道女たちが、庭つきの家を購入すべきかどうかということでした。修道女たちの土地は狭く、不便になっていたのですが、近くのイエズス会士も、その土地に関心を抱いていました。聖人はこう書いています。

……ですから、私の申し上げることに、十分ご注意ください。彼らにも、その他、誰にも何も言わずに、ゴンサロ・ムニョス氏に、向こう側の家の購入かたをご相談するのです。そして契約書をしたためるのです。なぜなら、彼らは、自分の立場の方が有利なのを見て、高圧的に出られるのですから。われわれが、こういう面倒から解放されたいばかりに、この家屋を買ったということは、すぐ人に知られるでしょう。そうすれば、あまり頭を悩ませなくても彼らは折れてでるでしょうし、われわれの一番望むとおりにさせることさえ、できるかもしれません。これについては、なるべく人に話さないで実行なさい。時として、策略には策略をもってしか打ち勝つことができないものです。

このことは、信仰の目をもって生活における一切を眺めることが、実際的にビジネスライクに振る舞うことの妨げにはならないことを示していると言えるでしょう。

第四講話

愛による変容

十字架の聖ヨハネは、神を探し求め、愛と信仰によって自分を神に結びつけるといったパウロの表現をしばしば使用しています。「神がすべてをお定めになるのだ、ということだけをお考えなさい」という御托身のマリア修母宛ての手紙は、すでにご紹介したとおりです。マドリードの総会で定められたすべてのことを、神からのものとして受け入れる信仰がそこには要求されていました。その後は、こう続いていました。「そして、愛のないところに愛を置きなさい。そうすれば、あなたは愛を刈り取るでしょう」。ここでも信仰と愛は、統合されています。ヨハネはここでことさら信仰に触れていませんが、信仰の**態度**を問題にしています。信仰と愛という二つの言葉が一緒に出てくる最も有名な箇所は、『霊の賛歌』第一の歌の第十一節でしょう。それは、神を見いだせずに、神を自分の内面に探し求めている者への回答となっています。

おお霊魂よ、あなたの心の隠れ家に花婿を見いだすために取るべき方法については、すでに述べた。しかし、もしもなおも聞きたいと望むなら、人知の近づきがたい真理に満ちた、意義深い一つの言葉を聞け。何ごとにおいても、あなたの満足を求めず、何ごとも味わわず、あなたの知らなければならないこと以上に知ろうとせず、信仰と愛をもってあなたの花婿を探せ。この信仰と愛とは盲人の手引きであって、あなたをあなたの知らない道から神が隠れておいでになる所にまで導くであろう。

聖人はこの点について、信仰・希望・愛によって神を探し求めねばならないと、さらに詳述しています。それは、まさに対神的態度であり、以下、この態度の幾つかの側面について述べてみたいと思います。

一　聖ヨハネ自身の愛
二　神学的基礎：「私たちは愛するために創られた」
三　混乱した愛情：欲望、欲求

一　聖ヨハネ自身の愛

聖ヨハネが子ども時代に母親から受けた影響についてはすでに見てきました。しかしながら彼の愛は、家族に限定されたものではありません。メディナ・デル・カンポで暮らしていた時、一家は貧しかったにもかかわらず、彼の母は、自分たちよりなお貧しい子どもたちを家に引き取ることを常としていました。ヨハネがまだ家にいた頃、彼の兄は警察に捕まったことがありましたが、それは家に連れてきた貧しい子どもたちのために街頭で施しを願っていたからでした。近所の人々は、この若者は誰にも迷惑をかけておらず、慈善の行為を熱心にやっているだけだと、警察に抗議しました。そこで彼は釈放されたのです。このヨハネの兄フランシスコは、彼より十二歳年上で、ヨハネよりも長生きしました。ご存じのように、彼は三人兄弟でしたが、次男のルイスは、栄養失調のために死亡しました。

ヨハネとフランシスコは、強い愛情で結ばれていました。それも単なる家族愛ではなく、深い友情によって一つになっていたのです。フランシスコは、ヨハネが院長であった修道院を訪れた際、ヨハネが食卓で自分の隣の席に彼を座らせたと証言しています。フランシスコは、二、三日とどまれば、貧しい修道院のお荷物となるのではと心配しましたが、ヨハネはそんな彼に、「そう早く帰らないでもいいでしょう。いつまた会えるか分からないのだから」と言ったということです。ヨハネがセゴビアでのキリストの出現について語った相手は、このフランシスコでした。ある時の訪問で、兄弟は夕食後、夜更《よふ》けに庭へ出ました。その時、聖人は彼に言いました。「主と私の間に起きたことを話しておきたい」と。そして自分の兄にキリストの絵を示しながら、ひそかにその体験を物語ったのです。それによれば、キリストは彼に、「私のためにお前がしのんだすべてのことの報いとして、何を望んでいるのか」と問われたということで、それに対する聖人の答えはよく知られています。「主よ、あなたのために苦しみ、あなどられることを」。これは、ヨハネが自分の神秘体験を他人にもらした数少ない例の一つです。これによって、二人の兄弟の間に親密な関係、深い友情が存在していたことが分かります。

ヨハネがグラナダの院長兼管区長代理であった時、フランシスコは修道院の建設を助けるため、二、三カ月滞在しました。修道士たちは、彼が院長の実の兄でありながら、みすぼらしい身なりをしていたので、そのことを恥ずかしく思っていたと伝えています。町の有力者が修道院にやって来ると、ヨハネは決まってフランシスコを自分の兄として、また「この世で最高の、最も掛けがえのない宝」として紹介しました。彼らは互いに深く愛し合っていました。多くの人が、十字架の聖ヨハネは聖テレジア以上に深く力強い慈悲心と愛の心があったと思っています。彼は内向的で、テレジアは外向的であったとよく言われます。しかしこの点について、彼に関する話や著作から知りうるところをすべて総合するならば、**彼は他者と友情を結ぶ能力に豊かに恵まれていた**と言うことができます。

このような温かな家族的愛情に加え、彼にはメディナの貧しい人々や病院の患者との関わりが、またアビラの御托身修道院に聴罪司祭として居た時には、聖テレジアとの友情がありました。この時期の逸話に次のようなものがあります。ある日、テレジアがシスターたちに話したことによれば、彼女は告解の際、彼に対して抱いている愛情から、十分な敬意をもって彼に接していないと自分の罪を告白したとのことです。おそらく彼女は、あまりにも創立者としての自分を意識しすぎ、彼を子ども扱いしたのでしょう。何しろ彼女は、彼より二十七歳も年上だったのですから。聖なる聴罪司祭は、彼女に申し渡します。「院長さま、その点について、ご自分をあらためるように」と。ヨハネはアンダルシアでも多くの友人を得ました。

美術や音楽や彫刻や絵画に対する彼の愛も、言及すべきでしょう。彼がよく歌ったことは知られていますが、そのメロディーは、残念なことに今に伝わっていません。小さな絵やスケッチの幾つか、またグラナダやセゴビアの建物は、現在も残っています。花も好み、ご聖体の前でバラやカーネーションを花瓶にさしている彼の姿がよく見られたということです。彼の愛の幅広さと多様な表現についてはすでに述べましたし、投獄されていた時や生涯の最後の数カ月に彼がかいま見せた真実の愛についても論及しました。第三者には、彼は教授や学者のようには見えませんでした。彼らを感動させたのは、ヨハネのこまやかな優しさであり、心の誠実さでした。修道士の多くは、彼の神秘生活については何も知らずにいましたが、彼の誠実さは誰もが感じ取っていました。管区長のガブリエル神父は、彼についてこう述べました。「彼の著作はすばらしい。しかし彼が聖なる人であるのは、彼自身がすばらしいからだ」と。彼を特徴づけているのは、心と精神の態度としての**まごうことなき優しさと誠実**さでした。このことを頭に入れておけば、彼の著作を理解する上で助けになることでしょう。彼の有名な格言の一つに、このことが適切に表現されています。「人生の夕べに、あなたは愛について裁かれるであろう」。後ほど、格言の幾つかを詳しく考察したいと思います。

二　神学的基礎：「私たちは愛するために創られた」

これは、愛に関する教えにおいて彼が指摘している第一のポイントです。『霊の賛歌』の第二十九の歌は、十字架の聖ヨハネが観想的宗教生活を擁護している最も有名な箇所です。**聖ヨハネは、愛こそ人間を完成するものであると説いています。**愛によってのみ、人は成長し、花開き、充実と完成に達することができると。彼はその普遍的体験を、人間の創造を扱ったロマンス詩体（ロマンセ）の一つにおいてこう叙述しています。「わが子よ、私はお前に、お前を愛する花嫁を与えよう」と。聖人によれば、御父は人間を創造した時、御子にそう言ったということです。ヨハネは、愛への欲求は人間の本質的要素であり、創造において与えられ、決して後から付加されたものではないと考えています。彼の用語も、私たちが愛へと方向づけられていることを明確に表しています。「花嫁」という語は、愛の一致を指し示していますし、愛における愛の交換を意味しています。もしそうであるならば、つまり、もし私たちが基本構造において愛し愛されるものとして創られているならば、愛され愛することによってのみ、私たちは成長し発展できるということになります。ロマンセの第三は、「お前ゆえに、彼女は私たちの交わりにあずかるにふさわしい」と続きます。これが、人類を創造した御父の意図でした。御子を愛する花嫁を御子に与えるために神は人間を創造し、あらゆるレベルで愛する能力と、同時に愛される必要性を人間に付与したのです。

ヨハネが愛の浄化について語る場合、次のようなレベルに触れています。すなわち、教育されるべき感覚的愛、次に意思による霊的愛、そして無味乾燥によって完全にされ、暗夜のうちに勝ち取られる愛のレベルです。一九六八年にスペインの詩人、カルロス・ムチアーノは、聖人を二行で言い表しています。「まさにこのような人間は、皮は灰、内部は炎」。

その意味は、ヨハネの外側の印象は強烈ではないが、内側は火山のようだということでしょう。この火山についても、もう少し言わなくてはならないことがあります。

三　混乱した愛情：欲望、欲求

主に初心者について述べている『カルメル山登攀』の第一部で、彼らがどのような祈りをし、どのような信心行を行っているかをヨハネは問題にしていないことに気づくでしょう。彼がひたすら問題としているのは、彼らの愛情がどのような状態にあるかだけです。彼らが情緒的に成熟しているかどうかの問題です。医者は脈を診れば、すぐに何もかも分かります。ヨハネは、『カルメル山登攀』の第一部を愛情や愛着の次元に当てています。彼はそれを apetitos（欲求、欲望）の混乱と呼んでいます。現代スペイン語では、この語の複数形はもはや使われません。残っているのは単数形のみで、その意味はもっぱら食欲のことです。ヨハネは単数形を、神への、またキリストへの一つに統合された欲求という意味で使用しています。複数形（los apetitos）は、それ以外のすべての欲望という否定的な意味で用いています。

『カルメル山登攀』の第一部は、欲望（apetitos）がひき起こす五種類の障害について展開されています。すなわち、欲望は私たちを疲れさせ、苦しめ、心を暗くし、汚し、弱めます。このことを納得させるために、彼は聖書の箇所を引用します。分散した欲望の持ち主は、霊的生活を築くのではなく、破壊しているのです。

そこまで行かなくとも、霊魂の中に生きている欲望が、あわれな霊魂にどんなひどい仕置きをするか、またそれが自分自身にとって、どんなに不幸なことであり、隣人に対してもなんとうるおいのないものであり、神のことについては、いかに腰が重く怠惰であるかを考えると、まことに嘆かわしいことである。というのも、不快な気持ちは、病人にとって歩くのも食べるのも重苦しく、おっくうなものにしてしまうものであるが、地上的なものに対する欲望ほど、徳に従う気持ちを重苦しく悲しいものにしてしまうものはない。だから通常、このように徳を獲得しようという熱意も望みも、多くの人が持たない原因は、神に対する不純な望みや愛着を持っているからである。

続く第十一章では、聖人は修道者や霊的生活を送ろうと努めている人々に語りかけています。豊かな自然的能力や素質を持った、しかも超自然的賜物に恵まれた多くの人々が、同様の理由から、何の進歩もしないでいるのを見ることは、彼にとって悲しいことでした。聖人は、二つのたとえを使っています。一つはごく細い糸であろうと、それに足を縛られた鳥は飛び上がることができないというものであり、他の一つは、コバンザメの伝説から取られたものです。

これはもともと非常に小さな魚ではあるが、いったん舟に吸いつくと、その船を止めてしまい、舟は港に着くことも航行することもできなくなってしまうのである。

すでにイエスのアンナ修母を何度か引き合いに出しましたが、彼女はヨハネのそば近くで生活した聖人の一人です。ヨハネは、『霊の賛歌』を彼女にささげています。アンナ修母の偉大な素質の一つは、彼女のために口頭で言われ、書面で指摘されたすべての愛着を破壊しつくしたことでしょう。とはいえ彼女になされた批判の幾つかは、彼女自身によって今に伝えられています。例えば、グラナダの院長時代の小さな逸話があります。ある日、ドン・ロドリゴという貴族が面会にやって来ました。彼は修道院のことや霊的な事柄についてアンナ修母と談笑しました。彼女は彼が大変好きでした。彼が修道院を去るのと同時に、十字架のヨハネが到着しました。二人は共に話を始めましたが、ヨハネがひと言しゃべるたびに、アンナ修母は「ドン・ロドリゴが先ほど同じことをおっしゃいました」と言いました。ついに聖人は笑いながら、こう言いました。「院長さま、あなたの頭は、ドン・ロドリゴのことでいっぱいですね」。アンナ修母はこの忠告が大変気に入ったので、共同休憩の時にこのことをシスターたちに話したのでした。シスターたちによれば、その後、ヨハネのこの言葉は彼女たちの間で一つのことわざのようになったということです。あるシスターが誰かや何かについてたくさん話をすると、他の者が、「シスター、あなたの頭は、ドン・ロドリゴのことでいっぱいですね」と言ったということです。この小話は、聖人が離脱の問題に厳格主義的にではなく、軽やかな温和な心をもって対処していたことを物語っています。そしてそれは、アンナ修母にとってプラスに作用したのです。なぜなら後日、ヨハネは『霊の賛歌』を彼女に献呈したのですから。ヨハネの霊的指導の雰囲気やスタイルは、以上のようなものだったのです。

では感覚の正しい使用について、**聖人が『カルメル山登攀』の第一部第十三章で述べている二つの教えについて注釈いたしましょう。**二、三年前に一冊の本を著した若いカルメル会士は、「聖人がこの章さえ書かなければ、どんなによかったことか。何ともひどい内容です。福音の精神に反した、まことに非福音的な内容です」と発言しました。少し詳しく見てみましょう。

欲望（apetitos）を否定するために、私たちに求められていることは、キリストに従うという一つの欲求（apetio）を、自分自身の中に育てようと努力することでしょう。聖人は、愛が人間の中で決して休んではおられないことを確信しています。彼の原則は、新しい愛の対象が与えられるまで、愛のエネルギーから対象を取り去らぬように、というものです。愛は、愛する対象を必要としています。バリュジ（訳注：フランスの哲学者。十字架の聖ヨハネ研究の先鞭をとる）は、「これらの混乱した欲望に対する闘いは、一つの愛が他の愛に勝つことによって、その人自身が変容されない限り、失敗に終わる運命にある」と述べました。その意味は、愛のエネルギーは、自分を向ける対象を必要とするということでしょう。バリュジは、一つの愛が新たな愛に交換されることなく除去されてしまう、純粋な禁欲主義の不幸な勝利について語っています。これは、厳格主義や恨みや過度の熱心さをもたらします。そこには欲求すべき愛の対象が存在しないからです。**キリストへの愛は、彼の生涯や人となりについて黙想する時に生じてきます**。これが、ヨハネの教えの第一の要点です。私たちが行う外的な修練においては、冷静で現実的でなくてはなりません。見、聞き、触れるといった外的感覚の使用も、コントロールされてなくてはなりません。私たちの生活や召命や使命に何ら関わりのないすべての事柄に対して、決して執着すべきではありません。聖ヨハネに対する誤解から、私たちの会では禁欲主義的態度が発達しました。何も聞かず、目を閉じるように。通りへ出てゆく場合には、目を閉じたままでいられるように供を連れ、手を引いてもらうように……。ヨハネは、もっとはるかに単純で普通の人でした。感覚の使用を目立たない賢明な仕方で放棄できるならば、そうしたらよいでしょう。目を閉じることが、ばかげた振る舞いになるならば、そうすべきではありません。私は、ローマでドミニコ会の司祭から教えてもらったことを思い出します。私たちは何かの開会式の後で夕食会に招待されたのですが、さまざまな種類のワインが用意されていました。彼いわく、「決して『もう結構です』とは言わないように。給仕が来たなら、まず最初はグラスに一杯つがせ、ほんの少し飲むように。二度目につぎに来た時、まだほとんど一杯のままのあなたのグラスを見て、彼は通り過ぎるでしょう。でも、もし手でグラスを覆うならば、非常に目立つことになります」。私がこの話をしたのは、気づかれずに行える、単純にして賢明な抑制の一例を示すためにすぎません。

聖人の第二の教えは、まったく言語道断であるとされました。

次のようにこころがけること。よりたやすいことよりも、より難しいことに。より快いことよりも、より不快なことのほうに。より味わいのあることよりも、むしろ、より味気ないことに。……（『カルメル山登攀』第一部第十三章六節）。

このような勧めが全部で九つあり、「これらすべてをキリストへの愛をもって行うように」とヨハネは言っています。絶えずより不快なものや最も難しいものを選択することが過度に強調され、それだけで人々の注意をひきつけました。それは、マゾヒズムではないのかと。なぜ聖人は、このような修練を勧めるのでしょうか。彼の目的は、あらゆる時に神と隣人を愛する自由を獲得することです。私たちの愛が試される時はいつでも、快い出来事の中にも不快な出来事の中にも、常に神のみ旨を見いだす内的自由が求められています。そうすることによって、神や隣人への愛が要求される時、容易にそれらのことを行うことができるようになるからです。それはいつの日か、まず間違いなくやってくるすべての試練に対する自発的な準備となるのです。準備しないならば、過酷な試練が訪れた時、適切に対処することはできないことでしょう。ローマ軍団兵は、平和時でも訓練をしましたが、その時は、戦時に携帯する二倍の重量の物を持ち運ばねばなりませんでした。そのため訓練の間、彼らは「戦争が起こればいいのに。そうすればもう少し楽になるだろうに」とつぶやいていたということです。自由に選択した修練を通して、感覚に対する制御ができるようになったならば、同様な状態に置かれても、それがいついかなる時に生じようと、欲望を克服することは容易となるでしょう。

四　意思の愛

極端は常に避けねばなりません。『カルメル山登攀』の第一部第十三章六節でヨハネが示している教えには、愛の偉大な掟を実行する際に、私たちの助けとなる勧めが含まれています。それは、愛する能力を考察するための出発点、手がかりとなるものです。「あなたは心を尽くし、魂を尽くし、力を尽くし、あなたの神、主を愛しなさい」と愛の掟を命じています。この掟の深みと広がりに気づくには、それが初心者ばかりでなく熟達者にも当てはまることを考慮する必要があるでしょう。次の点は重要です。すなわち、聖人は、精神の受動的暗夜を叙述した後に、そこにおける受動的浄化がことごとく神によってなされ、その結果として、霊魂は愛の掟を実行できるようになると言っているからです。

このことは、先に述べたとおり、この暗い浄化の中で、徹底的に起こるのである。というのも、神は、愛好をすっかり乳離れさせてしまわれ、押さえつけてしまわれたので、愛好は、自分の望むようなことに、何の楽しみも見出すことができないからである。こういうことはみな、神がなさるのであるが、それは、愛好のすべてをご自分のために取り上げ、押えて、それによって霊魂が神の愛のこの強い一致に達するために、より多くの力と能力を持つようになるためである。この浄化を通じて神はすでにこの一致を与え始められるが、霊魂はその時、霊的また感覚的な自分の力と望みとのすべてをこめて、力いっぱい愛さなければならない。こういうことは、もしも、霊魂が、他の何かを味わい楽しむことに自分を傾けているならば、あり得ないことである。それでダビデは、神とのこの一致の愛の力を受け得るよう神に向かって、……と言った。これはすなわち、「私の諸能力の力と欲求と容力のすべてをあなたのために保ち、その働きや喜びをあなた以外の他のものには向けません」との意味である。これによって、霊の中でのこの愛の燃焼が、どれほど激しく、どれほどすごいものであり得るかを、幾分か察することができるであろう。そこで神は、霊魂のあらゆる力、能力、欲求を、霊的なものも感覚的なものも、すべて内に集中させ、この完全な調和の中で、その力と徳とをこの愛のために使うようにさせ、こうして第一の掟を真に実行することができるようにさせる。この掟は、人間性を少しも軽んじることなしに、また、これに付随するものを、この愛から一つも除外することなしに、「あなたたちは、心を尽くし、意を尽くし、魂を尽くし、力を尽くして神を愛さなければならない」と言っている。

（『暗夜』第二編第十一章三～四節）

a.　聖人は、愛（amur）と感情、愛情、喜び（gozo）を区別しています。愛とは、与えることを本質とする霊魂の働きで、私欲のないものです。愛の感情は、私たち自身に関わるもので、霊魂は自分へともどります。『書簡』十二では、愛の行為と愛の感情が区別されています。愛は与えることであり、愛の感情は受け取ることです。この受容は、かならずしも所有欲を伴う利己的なものであるとは限らず、自分のために有益なものを望むという、より広い意味を包含しています。たとえば、自分にとって有益である限り、人間関係を保つといったことです。この第二の種類の愛は、何かに喜び、その中に楽しみを見いだし、それを好むといったものとして叙述されています。「愛」は、何かを他者に譲渡することですが、「喜び」は、何かを自分のものとすることです。これが、ヨハネが愛と愛の感情についてここで行っている区別です。

b. 私たちは、自分や他人における愛の質をどのように見分けることができるのでしょうか。観察によって私たちに分かることは、ほんのわずかです。ヨハネは六種の異なった宝を私たちの前に差し出し、それらにどのように反応するかを見ようとします。これは、今日、子どもたちに対してなされるテスト方法です。「赤が好き、それとも青が好き」と直接問うことはしません。赤と青の物が彼らの前に置かれ、その反応を見るのです。子どもがどちらかを取ろうとすれば、それによってどちらが好きか、言わずとも答えが分かるという具合です。同様に、ヨハネは六種の宝を私たちの前に置き、どれを選ぶかを見ようとします。そのうちの三つは、自然的なこの世的なものです。すなわち、富、名誉、才能、尊敬です。残りの三つは、超自然的なもので、徳、特殊な神秘的な賜物、巡礼やご絵やご像といった宗教的事物です。これらの宝の一つを提示するだけでは、テストの答えとしては不十分です。たとえば、富に魅惑されながら、同時に富を不快に思っている人々がいます。現代では、つつましい服装をしているため、自分では富から離脱していると思っている人が大勢います。しかし同じ人が、聖母のご像を、自分が身に着けたいと思っているあらゆるドレスで飾り立てるということをします。こうしてかわいそうなマリアさまは、それらをすべて甘受しなくてはなりません。そのような人は、おそらくこの世の他の宝に対しては無関心なのでしょうが、その欲求が宗教的対象に移行したにすぎません。彼らは、金のイヤリングこそ身に着けませんが、金のロザリオや芳香を放つロザリオを所持しています。彼らの周りに漂う香りがどのようなロザリオを持っているかを証ししています。自愛心は、すべてを破壊しつくす木食《きく》い虫のようなものです。それは、どんな種類の木も駄目にしてしまいます。

貪欲は、どんなことにも人を執着させてしまうほど、まことに空しいものである。それは、良いものであれ悪いものであれ、食べられるものは何でも食べつくす木食い虫のようなものである。これよりもあれをといった欲求から装飾だらけのロザリオを持ち歩いたり、このご像では喜びが分からないから、その代わりにあの像にしようといった時、貪欲以外の何がそこに動機としてあるのか。

聖人は、これらの宝を非難することに関心があると言うよりは、人がそれらに対し、どのような反応をするかと探り出そうとしています。

（『カルメル山登攀』第三部第三十五章八節）

私はかつてマニラで、そのような反応を公の場で目撃しました。私はそこで連続講演をしたのです。朝には人々のために、ミサが行われていました。聖体拝領が始まると、一人の婦人が席を立ち、杖をつきながら歩き出しました。彼女は歩くのが難しく、時折立ち止まりつつ、非常にゆっくりと移動しました。しかし彼女は、誰にも追い抜くことを許しませんでした。十二歳ぐらいの少女が彼女に付き添っていました。誰もが我慢できなくなっていました。ミサの終わりに、再びその婦人は、最初に席を立ったので、皆は彼女のために待たされることになり、いらいらしだしました。教会の外には、豪華な車、それも超豪華な車が待っていました。三人の召し使いと運転者が、彼女の世話をしていました。小さな脚立《きゃたつ》が用意され、彼女が楽に車の中へ入れるようになっていました……。そして人々はというと、この婦人がどのような階層の女性であるかを知るやいなや、彼らの反応は百八十度変わりました。「なんとすばらしい人だろう！」と。それもこれも車が原因でした。彼女は、彼らがそれまで見ていて、我慢ならないと思っていた同じ女性なのです。わずか五分の間に、そこに居合わせた人々は皆、その婦人が金持ちであるという理由から、態度を一変させたのです。

必要とされているのは、これらの価値の除去や排除ではなく、それらが**価値のヒエラルキアの中にふさわしい位置を占めること**です。十字架の聖ヨハネは、非常に貧しい家庭の出身でした。セゴビアでは、修道院の建設のために町の裕福な家庭から寄付を乞わねばなりませんでした。富は有益であり、良い目的のために利用できるのです。金銭自体は、悪いものではありません。重要なことは、それに対する私たちの態度であり、この態度こそが試されねばなりません。同様のことが、ある人が持っている才能や、彼に対して人々が払う尊敬についても言えます。それらはすべて、隣人への奉仕において大いに利用できますが、最高の価値ではありません。私たちは、これらの価値に対する自分の反応を試すことによって、私たちの愛を価値の正しいヒエラルキアに従って修練し、方向づけることができます。**私たちは、自分の愛する能力を修練し、浄化し、導くことができるのです。**十字架の聖ヨハネは、なぜ隣人愛についてはほんのわずかしか語らないのかという問いが、しばしば投げかけられます。それは、彼が『カルメル山登攀』で神の愛について語る時、その愛が同時に隣人愛をも意味しているからです。それは、一つの偉大な掟なのです。なぜ私たちの感覚は修練されなければならないのでしょうか。聖ヨハネは、例えば、香水や芳しい香りに関して、私たちの嗅覚を抑制することを第一に考えているのでしょうか、あるいは隣人への愛に関心があるのでしょうか。良い香り環境下で生きることに慣れている人々は、貧しい人々の所へ行って彼らに会うと、彼らの放つ悪臭に耐えることが本当に難しく感じられるのです。誰かが十年間歯を磨かなかったならば、それは人々に嫌悪の感情を呼び起こすことでしょう。ヨハネの時代には、誰も歯を磨きませんでした。ヨハネは、伝染病にかかっている人々——その多くは性病でした——を収容していたメディナ・デル・カンポの病院がどのようであったかを思い起こしていたのです。ヨハネは、多くの人々が喜んで寄付してくれても、誰も病人の所へ行かないことを思い起こしていました。ヨハネが私たちの感覚の正しい使用について語る時に考えていることは、そのような具体的なケースなのです。私たちの感覚が修練されなくてはならないのは、単に神をよりよく愛するためだけでなく、私たちの仲間である人間をよりよく愛するためでもあるのです。私は今、他の種類の愛について、すなわち、暗夜の愛、無味乾燥において鍛えられる愛についてもお話ししたいと思います。この愛を得るためには、すでに触れたような抑制（苦行）を時々行うことだけでは不十分です。神ご自身が、すべての善いことの中に私たちが見いだしていた満足を取り去ってしまうからです。それが、私たちを養成する神の仕方なのです。こうして聖人は、私たちの自然的な傾きから自由となった愛、純粋な無私の愛へと、私たちを導くのです。

あなたの守護の天使が絶えずあなたの理性を照らすとはいえ、いつも実行の望みを起こさせるのではないということを考えよ。だから、徳を実行するために、望みが起こるのを待つな。あなたの理性と悟性だけで十分である。

神は私たちが何をなすべきかを示すために、それを行うことによって得られる慰めをあらかじめ示すことなく、私たちの悟性に十分、光を与えてくださいます。このことは、神秘的な恵みの場合にも起こり得ます。ヨハネによって、「明示的（formal）」*と呼ばれている神秘的な神からの言葉がありますが、そこでは人は、神によってはっきりと何をなすべきかが告げられます。しかしその人は、それをこなすことに激しい嫌悪感を感じるのです。私たちの内にはそのような矛盾があります。それゆえ私たちは、自分の好みや望みや気分に隷属している自分自身から自由になること、また理性に従って行動することがどれほど必要であるかが分かるのです。

＊奥村一郎訳『カルメル山登攀』第二部第二十八章二節の訳注、参照

あなたの理性と相談して、神の道において、その勧めを実行しなさい。それは、この勧めなしに行われたすべてのわざや、あなたの求めているすべての霊的甘美よりも、神の前であなたのために有益であろう。

この『光と愛のことば』の中で聖人は、私たちの意志を統一するために、**私たちの愛する能力を本質的なものへ集中させようとしています**。そうすることによって、私たちの感

情はあるべき場所にもどり、意志が感情に従うのではなく、感情が意志の導きに従うようになるのです。スペイン語には、"hacer cosas por gusto y hacer las con gusto"（楽しみのために事を行うか、楽しみながら事を行うか）という言葉があります。何かに対してそれをしたいというだけでそれを行うことは、否定的なことです。楽しみのために食べることは、暴食です。楽しみながら食べることは、食べ物を味わうことです。

いちばんデリケートな花は、いちばん早くしおれ、いちばん早く香りを失うということを考えよ。だから、味わいの精神によって歩むことを望まないよう注意しなければならない。あなたは堅忍し得ないであろうから。かえって、何にも執着しないおおしい精神を自分のものとして選ぶこと。そうすればあなたは甘美と平和を豊かに見いだすであろう。味のよい、長持ちのする果実は、寒くて乾燥した土地に見いだされるものである。

この『光と愛のことば』において、ヨハネはまずイメージを提供し、それから原則を適用しています。そして教えの他の点を挙げ、再びイメージを出しています。イメージは最初と最後にあり、真ん中に二つの適用、論理的帰結があります。これは文学的手法です。ヨハネにはすぐれた文学的才能がありました。彼は文学的な技法を実に見事なやり方で使用し、それをまったく自然に行いました。ところで、無味乾燥の時期には、愛は信仰によってのみ生きています。「寒い気候」の時期とは、信仰のみが私たちを導く、愛の時期なのです。聖人のもう一つの別の美しい箇所を読みましょう。

すでに述べたように、霊魂は、内的苦悩と闇の中を歩いて、この暗夜から出てゆく時には、信仰のこの白衣を着ているのであるが、悟性は、霊魂に、光による援助をいくらかでも与えるようなことはない。上からの光によって助けることもなく、というのは、霊魂にとっては天は閉ざされ、神は隠れておられるように思えたからであり、また下からの光によっても助けることはなかった。というのは、彼を教えていた人々は、霊魂を満足させなかったからである。霊魂は、これらの試練の中を、力衰えることも、愛する方を見失うこともなく通り抜けながら、堅忍不抜の精神をもって苦しみ、耐え忍んだ。愛する方は、試練と艱難の内に、花嫁の信仰を試みられるのである。それだから、花嫁は後に、あのダビデの句を、真に言うことができるのであろう。すなわち、「あなたのくちびるの言葉のゆえに、私は無法な者の道を避け、あなたの道を堅く守りました」（詩編17・4）。

これは、揺るぎない確固たる信仰です。この文――スペイン語では一つの文ですが――は、『暗夜』の全内容を総括し、同時に「あなたの言葉ゆえに」という言葉によって、霊魂がどこから力を得ているのかを示しています。

聖人は夜に足を止めません。友人たちは、彼が大きな要求をつきつけ、挑戦してきたことを知りましたが、彼はとにかく快活で落ち着いていました。もう一人のアナ、つまりアナ・デ・ペローサの物語があります。彼女は、カルメルの修道女たちがグラナダへ来て、家が見つからなかった時、自分の家を修道女たちに開放したのです。ある日、ヨハネがこの女性と会話していた時、ある姉妹は、ヨハネが「**無の無、そしてキリストのために自分の皮までも与えること**（訳注：すべてを与えること）」と言っているのが耳に入りました。実際彼は、彼女に多くのことを要求しました。けれども後に彼は、『愛の生ける炎』を彼女に献呈したのです。ヨハネは友人たちに挑戦しましたが、同時に彼らを深く愛していました。かつてアビラの聖テレジアが御托身修道院の共同体休憩室で修道女たちと一緒にいた時、彼女はヨハネに、皆が私たちの聴罪司祭は少し厳しいと思っていると言いました。聖人は答えました。「母さま、あなたは私を上手に非難しているので、ほとんど私を赦しているかのようです」。ヨハネはたくさんのことを要求しましたが、同時にたくさんのものを人々に寛大に与えました。彼の友人たちは、彼の愛の優しさを感じていました。彼は、彼らの真実の友だったのです。

五　変容する愛

聖人が愛の完全さについて語る時、それは何を意味しているのでしょうか。『霊の賛歌』の意味深い三つの歌を読んでください。最も重要なのは、第二十八の歌です。第二十七と第二十九の歌はそれの補足です。リジューの聖テレジアは、特に第二十八の歌を愛していました。それは聖人を描写しています。実際彼は、真に愛の内にある人間であり、愛の神秘家だったからです。「もう他の務めはありません／ただ愛することだけが私の仕事」。第二十八の歌は、文学的にも傑作です。最初の二行は、肯定的な表現です。次の二行は否定的なことを語っています。そして第五行目は、以上の総合となっています。

私の魂はいそしんでいます
すべての私の富をもって彼に仕えることへ
もはや私は群れを飼いません
もう他の務めはありません
今やただ愛することだけが私の仕事

十字架の聖ヨハネはここで、人生とは美しい牧草地を散策することだと言っているのではありません。彼が私たちに言っているのは、愛する能力が強く一つに一致するならば、すべてのものが、快いものであれ不快なものであれ、私たちを愛へと、愛だけへと駆り立てるということです。

蜜蜂が、すべての草花から、そこにある蜜をとり、かつただそのためにのみこれらの草花を用いるように、この霊魂も、自分の内に起こるすべてのことから、きわめて容易に、そこにある愛の甘味を引き出す。すなわち、霊魂はそれらすべてのことにおいて神を愛するのである。

私たちは、今までほとんど注意されなかった一文でもってこの講話を閉じることにしましょう。それは、『霊の賛歌』の最初の原稿に見いだされるものです。聖人はこの文を、第二稿において、意識的にか無意識的にか私たちには分からないのですが、削除しました。それはこういうものです。「聖霊は、霊魂をその恵みの扱いやすい道具とするばかりでなく、愛することの教師（maestras de amar）とする」。それゆえ、霊魂を愛の教師（maestras de amor）、愛の先生にではなく、いかに愛するかの教師とするということです。霊魂には、ある種の創造力、愛することについて教え伝える能力があると考えられているのです。

第五講話

媒介の使用

このテーマは、次回のテーマと密接に関連しています。ここでは、媒介の使用というこのテーマの客観的側面に焦点をしぼり、人間の人格における仲介の内面化については、後で触れることにします。

一　対神生活における媒介

媒介とか仲介という言葉で、何が思い起こされるのでしょうか。ここではそれらは、他の人との交わり、とりわけ来世や神との交わりをもたらすような出来事や事物を意味しています。つまり、ここでの困難は二つの異なった世界を私たちが取り扱っているという事実の中にあります。仲介となる出来事は、神と人類の間をつなぐ架け橋の役割を果たしているのです。

奇妙な事実に注目しましょう。というのは、ファリサイ人もまた、イエスが話された施し、隣人愛、祈り、悔い改め、断食について語っているのです。イエスはまったく同じことを私たちに要求しますが、ファリサイ人をキリストの心に反する者として退けます。それは、それらが彼らを神へと導く媒介とはならないからです。彼らは人々から賞賛されることを望んでいるのです。このことは、私たちの使用する媒介が私たちを聖化するのではなく、対神生活こそが私たちを聖化するのだということを示しています。この生活とは、神とのまことに人格的で親密・内密な交わりのことであり、信仰、希望、愛の生活に他なりません。

霊性史において、聖なる事物が明らかに乱用されるということがたびたび起こりました。それらの媒介を使用せずに、私たちは日々の生活を生きることができないのですが、かといって、それらによって振り回されてはならないのです。私たちがそれらの媒介を、たとえば規則や祈りの実践、修道服や他の人間、信心行のための道具やご絵などを、全生涯を通じて使用しなければならないことを認識することは、重要なことです。すべてこれらのものは、目的へと導きうる媒介である限り、意味を持っています。これらの媒介は対神生活においてなくてはならないものですが、相対的なものにすぎません。聖ヨハネは、ミサがあらゆる媒介の中で最善のものであることを確信していました。しかし、時折彼は聖体拝領の時、シスターたちをとばして、ご聖体を授けませんでした。それは、彼女たちが聖体拝領に慣れ、それが計り知れない恵みであることに鈍感にならないようにするためでした。証言によれば、灰の水曜日には、彼はご聖体を配らなかったということです。どうしてなのか考えてみましょう。彼は恵みから人々を遠ざけようとしたのでしょうか。いいえ、そうではありません。けれども聖体拝領がはばまれると、拝領への望みはいやがうえにも増し、それによって、習慣化した拝領によって受ける恵み以上の恵みを受け取ることになるのです。聖ヨハネは、他の日にもミサにあずかるよう、より熱烈な欲求をかきたてようと望んだのです。

これらすべての媒介は、すすんで人に仕え、献身してゆく、より大いなる愛へと私たちが至るための助けとなるのです。そのような結果になるならば、それらは真の媒介と言えます。今言ったような結果をもたらさないならば、それは障害物となります。真珠の首飾りに執着することと十字架像に執着することとの間には、何の差異もないのです。どちらの場合にも、その執着が神との真の一致を妨げることになります。聖人のことについて具体的に言えば、彼は上手に描かれた聖画を好んだことが知られています。彼は自分で十字架につけられたキリストの簡単なデッサンをし、その後、その絵が気に入り、祈祷書《きとうしょ》にはさんでいました。御托身のマリア姉妹がそれを見て気に入った様子なので、聖人はためらわずに、こう言いました。「気に入られたのなら、さあ、どうぞお取りください」。トレドの牢獄から逃走する一週間前、彼は自分に親切にしてくれた二人目の牢番に感謝の意を表したいと思いました。彼は美しい十字架像を持っていましたが、それは私たちの母聖テレジアが彼に与えたものと推定され、彼にとっては特別に貴重なものでした。そしてそれが牢獄の暗夜の中で彼が所有していた唯一のものでしたので、彼はそれを牢番に与えたのでした。ヨハネの列福調査の時、この牢番はまだ存命しており、この出来事を証言しました。このことがあったのは、十字架の聖ヨハネが三十五歳、牢番が二十七歳の時でした。

こういうわけですから、彼はそれらの媒介を喜んで使用し、また同時にたやすく放棄できた人間の例として挙げられます。彼は離脱していたのです。対神生活が私たちの内にもたらすこの内的自由こそ、私たちの生に必要とされているのです。真剣に対神生活を生きるならば、何らかの力がそこから与えられるでしょう。しかしながら、私たちの心の中心を媒介や仲介にのみおくならば、私たちの心や精神は狭小で偏頗《へんぱ》なものとなってしまうことでしょう。アンデュハル原稿――私たちの手に入る数少ない自筆原稿――において、十字架の聖ヨハネは、こう言っています。

世間という広い世界から退いた後で、狭い世界に閉じこもっている自分を見いださないように気をつけなさい。そこではあなたは、以前より悪くなっているでしょうから。

私たちはこの世を退き、小型の世の中に入ってしまうことができます。聖ヨハネは微妙な立場に立っています。当時の信心は、修道院においてさえも、さまざまな習慣や儀式、ご像やご絵など、媒介と見なされるべき外的な事物でごった返していました。他方、福音の純粋さを得るためにすべてを排除しようとする、エラスムスにまでさかのぼる極端な動きもありました。それは信心の対象物を廃棄し、さらには秘跡や準秘跡さえも廃止しようとする動きでした。異端審問所より有罪を宣告された照明派（Alumbrados）は、次のような考えを持っていました。「教会の中で福音書のために席から立ち上がり、立ったままでいることや、その他のおじぎやしぐさは、単なる身体の遊戯にすぎない」。聖主や聖母のご像やご絵は木切れ以上のものではないと見なされ、祈りは心で行われるべきものであり、口に出すべきではない。教会や共同で行われる祈りは障害物であると、彼らは主張しました。いかなる聖母のご像も家の中に安置されるべきではなく、婦人を見る時は、常に眼前に聖母を見るようにすべきである。十字架像は単なる木片にすぎないゆえに不必要であるとも主張しました。このような言説は、今日の私たちにはばかげたものに聞こえますが、ヨハネの時代においては深刻な問題でした。それゆえ、彼が一方では過剰な外面化、特にアンダルシアにおけるそれを避けつつ、他方では今述べたような照明派の側に立っているような印象を与えないようにするには、並々ならぬ努力を必要としたことは、想像するに難くないでしょう。

二　媒介に関する聖ヨハネの個人的実践

アンダルシアの修道院のシスターたちによれば、かつてこの聖人が修道院を訪れた時、そこにある聖母のご像に目をとめ、それを手に取り、こう言ったということです。「このご像とならば、私は生涯を草庵の中で過ごすことができるでしょう」と。ヨハネは確かにこのような媒介を利用しましたが、それらを越えて、本質的なものを見る仕方を会得していたことが分かります。彼は典礼の歌を愛好していましたし、実にあらゆる歌を好みました。彼の旅のお供をした者の証言によると、彼は、町を離れるやいなや、自分の歌を即興的に作り始めたということです。彼は自分の魂の中に生ずるものを、たくまずして言葉やメロディーに表すことを好みました。誰かが病気になると、彼は時々、楽士を呼び入れ、病人の心を元気づけ、楽にしようとしました。貴族の家庭ではお抱えの楽士がいましたから、彼は彼らに若い者を三、四人送ってくれるよう頼みました。彼自身ウベダで病床に伏していた折、彼の看護人も楽士を修道院に呼び寄せました。しかし彼らが到着すると、聖ヨハネは、「彼らにお礼を言って、食事を取らせ、引き取ってもらってください」と言いました。その訳は、「苦しむことを私が望んでいないと聖母に思われるかもしれない」かというのでした。

聖人は自然の友でもありました。暗夜の象徴は、ほぼ間違いなく彼自身の経験に基づくものでしょう。跣足カルメル会士ヴェラスコは、ヨハネの兄フランシスコ・イエペスの伝記を著しましたが、その中で、ヨハネが夏の夜、時々戸外に出、大地に横たわり、大空を見上げながら、一、二時間祈っていたと述べています。彼の兄も、数回彼と行動を共にしたということです。自然や夜や夜空にまたたく星への愛好は、疑いなく彼の幼年時代の体験にその根を持っています。冬の間、二人の兄弟は教区の教会へ祈るために出かけました。ドアがすでに閉まっている時は、教会の番人から鍵を借りました。しまいには安全な場所に鍵を隠してもらい、祈りの後、そこに鍵を戻すということで番人の了解を取りつけました。二人とも夜の友でした。この時の体験は、ヨハネの人格を形成しています。私はすでにグラナダの一修道士の証言を引きましたが、彼によれば、「ヨハネは神聖なご聖体の前にバラやカーネーションを飾ることを好み、それによって神がどれほど喜ばれるかを、香部屋係の私に暗黙のうちに示しました」。彼が第一に関心を抱いていたことは、教会の装飾ではなく、主へのほんの小さな個人的な意思表示でした。カラヴァカ出身のあるシスターは、この点を証ししています。すなわち、彼がアンダルシアの管区長代理であった時、彼は一度聖週間をシスターたちと共に過ごしました。その時、彼はアンダルシアの全修道院に回状を送り、聖金曜日に「聖なる墓」を飾るよう、それも派手に飾り立てるのではなく、そうするように勧めたとシスターたちに語りました。というのも、十字架の死の神秘へと導くためにのみ装飾が施されるべきであって、過度の装飾は、神秘そのものから人々の目をそらしてしまうからだということでした。人々は、そこにおられるのは主であり、今は喪に服する時であることを悟らなくてはならないのです。

幾世紀を通じて、純粋な苦行主義（asceticism）の立場から、以上のような外的事物を見下し、蔑視する人々が会の中にいました。それは、十字架の聖ヨハネの態度ではありません。彼は装飾のかもし出す高貴さの友でした。が同時に、簡素さを愛していました。彼は人々の注意を、本質的な現実へと引きつけようとしたのであり、装飾自体へ引きつけようとしたのではありません。グラナダには小さな逸話が残っています。ヨハネが修道院長であった時に入会してきた、一人の修練者の証言です。「私は共同で聖務を唱えることに戸惑いを感じていました。それで自分なりに自分の助けとなるような敬虔な行為を考え出しました。つまり、第二詩編の終わるごとに私は立ち上がり、ろうそくの配列を少し変えました。ついに聖人はこれに気づき、こう私に言いました。『アロンソ修士、燭台はそのままにして、私たちがここへ来た目的、つまり祈ることを実行しなさい』と」。

これらの例は、外的な事物に対する聖人自身の態度を十分に説明しています。彼は幸運にも、スペインでもっとも美しい、サラマンカ、アビラ、セゴビア、グラナダ、セビリア、コルドバ、バエサ、マラガといった、偉大な芸術品の宝庫となっている町々で暮らしました。この環境は、間違いなく彼の美的感受性を形成したことでしょう。グラナダの大司教が最初、修道院の創立を拒否したことは、私たちの知るところです。この時、アルハンブラの総督は、直接その構内に住む許可をカルメル会士に与え、その後、庭の土地の一部を彼らに寄贈し、ついには水も与えました。庭のための水が手に入る前の一年間、総督は一週間分の食料を毎日彼らに送ることを約束しました。それは、そうしないと彼らが創立を断念するであろうと心配したからです。こうして彼らは、アルハンブラの日々を文字どおり生き抜きました。その結果、聖ヨハネは美術に対する自己の鑑賞力を開発し、高める恩恵を被りました。しかしながら、ヨハネを理解しようとするならば、これらのことすべては、他の幾つかの事実によって補完されるべきでしょう。例えば、自然との交わりは単に美しい景観を観想することによってばかりでなく、寒さや熱さ、また長い、骨の折れる旅からくる疲労といった、大変な労力を耐え忍ぶことによって遂行されたということです。彼がアンダルシアの管区長代理であった期間（一五八五～八七）、彼は修道院を歴訪し、修道女の霊的指導をしましたが、その旅行は約六千マイルにも及びます。ということは、一日平均十五キロということになりますが、その道のりを彼は徒歩か小さなロバで旅したのでした。このことは、心に深く刻むべき重要な事実です。今日私たちは、私たちがこなしている数多くの旅行や携わっている使徒職の性質を顧みれば、また修道女の仕事量を顧みれば、観想生活を送ることは昔に比べ、はるかに難しくなった、と言いがちです。しかしそれらは、ヨハネの時代ではごく普通の状態でした。彼らは多くの仕事と肉体労働、人事問題やさまざまな種類の問題に取り囲まれながら、観想者であったのです。快適な状態のみが私たちの観想生活の助けになるのではなく、私たちにとって骨の折れる、簡単ではないと思われる嫌な状態も大いに助けとなるのです。

三と四　媒介としての感覚の使用と媒介に関する修行（Asceticism）

これらの二つの事柄は、互いに関係し合っています。それらの間にあるさまざまな差異は、人がどれだけ霊的成熟に達したかという程度によって生じてきます。内的自由をまだ獲得していない人にとっては、聖ヨハネはより峻厳過酷な姿をもって立ち現れるでしょう。『霊の賛歌』では、その読者はすでにかなり離脱した者と仮定されており、ヨハネはより寛大な姿を取っています。私がここで注意を向けようとしているのは、彼の生きた生活態度を知るのに役立ち、また彼が私たちに勧めている「勧告」です。そこで彼は、カルワリオやベアスのカルメリットに対し、日常生活における『カルメル山登攀』について解説したのです。修道生活はきわめて具体的なものであり、多くの細かな事柄より成り立っていますから、彼女たちがいかに身を処すべきかを判断する手引きとして「勧告」（cautelas）

を与えたのです。「勧告」の目指す到達点は、彼の主著のそれとまったく同じで、神との一致に他なりません。勧告は、魂の三つの敵、すなわち世、悪魔、肉の順序で行われています。それぞれに関し彼は、修道者を妨げ、ゴールからそらしてしまいうる三つの状況を指摘しています。最初の三つの警戒は、この世に関わるものです。第一は外の世界のことで、第二は修道院での物質的な所有物の使用のこと、第三は修道院内の小さな世について書いています。この第三の警戒は、第一、第二よりずっと大事なため、それらの三倍の長さになっています。つまり、修道士であれ修道女であれ、熱心に新聞を読み、この世界に起きていることをことごとく知っている修道者は、すべての事柄について注釈する習慣にたやすく陥り、それらの事柄に夢中になってしまいます。修道院内で時折生じる議論は、院内のミニ新聞をにぎわせますが、その内容たるや、私たちの勇気や魂の平安や潜心を奪ってしまうようなくだらないことばかりということもあります。他人の上に起きていることを見ようと振り返り、塩の柱となったロトの妻を思い起こすべきでしょう。修道院で起こるすべての出来事と神との一致という偉大な目的との間の均衡を保つことは、「勧告」を私たちの具体的状況にいかに適用してゆくべきかというほんの一例にすぎません。

悪魔に対する三つの警戒の中から、第二の、助けとも妨げともなりうる長上の役割に目を向けてみましょう。聖マルガリータ・レディは、単純に（おそらく少し単純すぎるとも思われるのですが）こう言いました。「私は長上が変わろうとまったく気にいたしません。いらっしゃり、また去られるのは、キリストご自身ですから」。聖ヨハネは、より穏やかに、かつ慎重にこう述べています。

もしあなたが、自分の個人的な感情に関して、長上にこの人がなろうと、あの人がなろうと、無関心となるように努めないならば、決して霊的な人間となることも、あなたの誓願を守りきることもできないであろう。

聖人は、修道院の平和と一致にとって、長上が誰になろうと、それほど重要なことではないと言っているのではありません。従順は、現実に対して盲目となるように私を強いるものではないのです。「人、それは私にとってどうでもよいことです。しかし全体の善益のためには、この人の方が良く、あの人の方が悪い」とは言えます。私はよくカルメル会の修道士や修道女に言います。「従順のもとで平和に生きるためには、五つか六つの長上のタイプ、例えば冷淡なタイプ、寛大なタイプ、あるいは少し抑圧的なタイプなどと折り合うことを学ばねばなりません。あなたがただ一つのタイプに慣れてしまうと、長上の交代の時、惨めな状態に陥るでしょう」と。

悪魔に対する第三の警戒として、聖人はこう言っています。

他の人があらゆる事柄において、あなたより重んじられることを望みつつ、彼らの善益を自分自身のことのように喜びなさい。

肉に対する第一の警戒で、彼は「あなたが修道院に来たのは、ひとえに、すべての人があなたを練り鍛えるためであることを悟る」ように命じています。「一修道士に宛てた助言」の三でも、同じ規範が見いだされます。私たちは互いに迷惑や厄介をかけ合う、まさにそのただ中において、自由な、とらわれのない心を保持すべきなのです。神さまは私たちを一つの形で彫り上げる道具として、私たちの兄弟姉妹を使います。一人は金槌のように、別の者は錐《きり》のように、またある者はサンド・ペーパーのように用い、最も美しい像を造り出そうとされるのです。それに逆らったり、殉教者ぶったりしないように。なぜなら私たち自身が同じことを他人に行っているのですから。私たちも他人の人格形成に休むことなく参与しているのです。聖人は、長上、同僚の修道者、私たちが互いに作り出す不愉快な出来事など、修道院の小さなこの世を熟知しています。彼は、内的平和が奪われれば奪われるほど、それらの事柄が私たちの生活の中に入り込むことから、調和が乱されないように自己修練することを求めています。私たちは感情の抑制を学ばなくてはなりません。

コルドバの聖ガブリエルのレオノラ修母に宛てた彼の手紙を見てみましょう。修道院長である彼女は、ある過ちを犯してしまい、ドーリア神父を激怒させてしまいました。彼女は彼を大変恐れていたので、食べることも眠ることもできないほどでした。十字架の聖ヨハネは、当時、会の第一顧問で、ドーリア神父とは一定の信頼関係のうちにあり、また一緒にいましたから、彼女は、この件について善処してほしいと彼に頼んだのです。手紙の終わりで、聖人はこう言っています。

私の娘よ、勇気を出しなさい。そして、あれもこれも忘れて、熱心に念祷《ねんとう》に励みなさい、結局のところ、それ以外に善いものを私たちは何も持っていないのですから。

彼はまず、ドーリア神父が立腹していないことを告げます。

お手紙を拝見し、ご心痛に心から同情し、それがあなたの心や健康さえも損なっていることを悲しく思っております。けれども、私にはあなたがそれほどまで心を悩ませる必要があるとは思われないことを、お知らせしておきましょう。というのも、私たちの修父は、あなたに対して何も怒っておられないことが分かりましたから。過失があったとすれば、それはすでにあなたの悔悛によって償われたことでしょう。もしまだ何かあるならば、あなたを助けようとしていることを彼に気づかれないようにしながら、必要に応じて私があなたのためにとりなしをいたしましょう。もうご心配なさらないように。そしてこのことを気にかけられないように。なぜなら、その必要は何もないのですから。

ここで第一に気づくことは、彼女の状態に対する彼の気遣いと兄弟的な励ましです。手紙の後半では、霊的な勧告を与えています。

これは、神に専念すべき精神をこのようなことでいっぱいにしようとして、悪魔が精神にもたらす誘惑に違いないと私は確信しています。

十字架の聖ヨハネは、想像力の抑制に大いに重きを置いています。私たちの快不快、精神的苦痛などは、長くは続きません。長引くとすれば、それらが記憶の中にしっかりと根を下ろしてしまったからでしょう。その時点でほとんど苦痛を引き起こさないような小さな出来事が、悲惨な結果を招くことがあります。それに何カ月も霊的エネルギーを費やし、他のことが何もできなくなってしまうからです。

神の現存の内に生きることは、きわめて重要なことです。しかし、人々との出会いは、すべての媒介手段の中で最も難しいものでしょう。自然を観想することは、ある人にはしっくりきますし、ある人にはうまくいきません。しかし私たちは、それによって動揺させられることもありませんし、激高させられることもありません。同様のことが、ご聖体の前での祈りについても言えます。内的に熱心であろうと、まったくの無味乾燥の状態であろうと、ご聖体は私たちを狼狽させることはありません。私たちが平凡な日常生活の背後にひそむ神秘に浸透してゆくためには、信仰と愛の、言うなれば対神的な眼鏡によって出来事や人間を読み取ってゆく能力が必要とされます。ヨハネが人々による媒介手段を最も好んだことを示す小さな例があります。ある日、聖人はマドリードから約五百キロ離れたマンチャを通って、グラナダへ行こうとしていました。ちょうどそこには、巨大な宮殿が、一五七一年のレパントの戦いを勝利に導いた将軍の手で建設されている最中でした。

その地域を通り過ぎる旅人は皆、道を少し変更して、その建造物を見ようとやって来ました。修道者も同様でした。聖人の付き添いの者は、彼に言いました。「なぜ、サンタ・クルス侯爵の建物を見に行かないのですか。それはとても美しいそうですよ」。それに対し、聖人は答えました。「カルメル会士は物見のために旅するのではなく、何も見ないために旅するのです」と。そして自分は宮殿や建物を眺めるより、神や人との語らいを好むと付け加えたそうです。

しかしながら、彼が人間にもあきあきしたことを示す一通の手紙（最も美しい手紙の一つ）が残されています。それは、一五九一年のマドリードでの総会の後に、つまり彼への誹謗中傷運動が開始された後に書かれたものです。その時、彼はメキシコ行きの準備をしながら、カスティーリャとアンダルシアの境に位置するペヌエラの隠遁修道院にいました。

広大な荒野は霊魂にも肉体にも大変有益です。霊魂はまったく見捨てられたかのような気持ちではありますが。主は霊魂も霊的な荒野を持つことを望まれるかのように見えます。すべて、主のみ心に最もかなうことが起こりますように。私たちが自分自身としては何者であるかは、神がよくご存じですから。……今朝、エジプト豆の収穫に行きましたが、午前中全部、それにかかってしまいました。次は、さやむきでしょう。こういう死んだ被造物をいじくるのは楽しいものですね。生きている被造物にいじくられているよりも、ずっと心地よいものです。

これは、彼が総会においてどんな扱いを受けたかを、それとなく暗示しています。人と争うことがもはや無意味に思われる時、自然の中に憩い、戸外で働くことは、救いとなります。人との出会いは大変良いものであり、建設的なものでありますが、骨の折れるものでもあります。聖人は現実主義者でした。孤独や魂の状態について彼の語るところは、まことに美しいものです。次の一文は、十字架のヨハネの真に珠玉とも言うべきものです。

いつまでこの状態が続くのか分かりません。というのもイエスのアントニオ修父がバエサから、私を長いこと、ここに放っておかないであろうと知らせてくれましたから。何ごとにも覚悟ができています。とにかく、今のところ、何も報道が入らず、気楽です。荒野の修練はすばらしいものです。

聖人は内的自由を所有しています。
愛について論じた時、『カルメル山登攀』の第三巻に言及しました。『カルメル山登攀』のこの最後の部分で、聖人は信心のさまざまな対象物とその実践について述べています。

まことに敬虔な人は、主としてその信心を目に見えないものに対して持っているため、画像などはあまり必要ではなく、また用いない。用いるにしても、人間的なものより神的なものをよりよく表したものを選び、その絵も自分の好みも、この世のものではなく、来世を感じさせるにふさわしいものとする。この世の形のものに欲望をひかれることのないように、この世的なものを目の前にして、そうした事柄を思い出させることのないようにする。それにその心は、用いる画像に捕らえられるようなことはない。したがって、それらが取り去られても、それほど悲しまない。それは、心の中に生ける画像を探し求めているからで、その生ける画像とは、十字架上のキリストであり、キリストのためにすべてを奪われ、すべてのものにおいて欠けることを、かえって喜ぶからである。

神にいっそう容易に導いてくれる動機や手段になる物でさえ、それらを奪い取られても落ち着いている。というのも、より大きな完徳とは、欲求と愛着をもってそうした物を持つことよりも、それらを失ってなお落ち着いた喜びを持っていることができることにあるからである。より大きな信心に助け導く聖画を持っていることを喜ぶのはよいことであるが（したがって、より助けになる物を選ぶべきである）、それらが取り去られたとき、悲しくなるまで、それらを持つことに執着することは完全とは言えない。

これが十字架の聖ヨハネのやり方です。つまり、あっさりと聖画を受け入れ、またあっさりとそれを放棄するのです。著作の中で彼は、自分のことについて何も語っていませんが、他人の例を挙げています。

私は同じ一つの十字架を、十年以上も使っていた人を知っている。その十字架は祝別された枝で無造作に作られた物で、ねじ曲げた留めピンで二本の枝は留められていた。その人は、それを決して手放さず、私が取り上げるまで、持ち続けていた。その人は決して知恵や判断力の足りない人ではなかった。また、魚の背骨で作ったロザリオで祈っていた人を見たこともある。彼らの信仰は、それだからと言って、神のみ前で価値がより少ないものではないということは確実である。なぜなら、これらの人々が、外形や値打ちに信心を持っていないということが明らかに分かるからである。

細心の注意をもって取り扱われるべき他の媒介手段として「祈りと典礼」があります。それらは、私たちが最も頻繁に用いる媒介でしょう。

事実、今日の多くの人々は慎みのない信心を持ち、その形や方法に力があるものと信じ込んで、それでもって信心や祈りを完全にできるものとし、もしその一点でも欠けたり、その枠を出たりするなら、もう何の役にも立たず、神に聞き入れられることもないと考えて、まことの祈りよりは、それらの形や方法にいっそう信頼をかけている。……もっと悪くて我慢のならないものは、何かの効果、たとえば願いごとが果たされること、あるいは、その奇異な儀式の祈りによって、その目的が達せられるのを知るとか、そうしたことを自分に感じ取りたいと望んでいる人々のことである。

彼は自分の考えを述べるために、皮肉さえ用いました。

願いごとをする場合は、魂の力や喜びは、今述べたような仕方（すなわち、自分のことではなく、まず神のみ心にかなうことに力を注ぐこと）によって神へと向けられるべきである。教会が認めてもいないような儀式に信頼を置いてはならない。……そのような純粋さをもっていても神に聞き入れられないことがあるというなら、いろいろな儀式をつくりだしたところで、いっそう聞き入れられないと信ずべきである。

ヨハネは典礼や礼拝規定の遵守に対しては非常に寛大であり、そこに多様性を認めていますが、同時に私たちがそれらにこだわるのではなく、対神生活に生きるように望んでいるのです。

管区長代理としてアンダルシアに赴任していた時期のことですが、彼はある時、コルドバを通過する途中、そこにある修道院を訪問しようとしました。彼の到着は、午後とされていましたが、何らかの障害が生じて遅くなり、着いた時は、すでに大沈黙が始まっていました。彼を尊敬する兄弟たちが自分の修室から出て来て、喜びにあふれた様子で、しかし音をまったく立てずに彼を迎えました。院長も出て来ましたが、大沈黙が破られたので、すっかり不機嫌になっていました。彼は、管区長代理と共にそこに立っている兄弟たちに向かって言いました。「今は、音を立てる時刻ではありません。大沈黙が始まっています」。兄弟たちは、管区長代理が院長をいさめるのではないかと期待しました。しかし、彼はあっさりと言いました。「院長さまのおっしゃるとおりです。私たちの面談は、明日にもち越しましょう」。こうして彼は、この小さな悲劇を平和のうちに終わらせたのです。この出来事によって私が示したいことは、例外が人々から求められていることを聖人は直観する能力を持っていたのに対し、院長はこの能力を持っていなかったということです。**ヨハネは、媒介にそれ相応の重要性を認めましたが、同時にそれらに関して必要な自由を保持していました。**

彼はしばしば兄弟たちを戸外に連れ出しましたが、それは彼らが閉じ込められていると感じ、自分からすすんで修道院を出て行く機会を探し始めないようにするためでした。媒介を使用する方法や様式は、修行（asceticism）の問題へと私たちをただちに導きます。ヨハネは言います。

感覚的な楽しみが敬虔な気持ちや祈りを生み出すものであるならば、意志はそれを避ける必要がないどころか、聖なる修練のために役立てることができ、またそうしなくてはならない。というのも、感覚的なものを通して、神の方に強く動かされる人もいるからである。

他の例を挙げましょう。ある時、セビリヤの修道院に二十八歳の若者のグループが入会してきました。修練長は、彼らに観想生活に入る準備をさせていました。彼らは共同体と共に二時間の祈りをし、修練院でさらに三時間の祈りをしていました。町から、それも直接、世俗の生活から入ってきたこれらの若者は、ほとんど気が狂わんばかりになっていました。修練長は管区長に手紙を書き、観想生活への召命がまったくないこれらの若者とはうまくいかないと伝えました。十字架のヨハネ神父は、みずから事実を知るためにセビリヤへとやって来ました。彼は時間割を見て、修練長に言いました。

修練長、観想生活のことが少しも分かっていないのは、あなたご自身なのでは。これらのエネルギーに満ちあふれた、それも感覚の世界にすっかりはまり込んでいる若者たちが、どうして一日に五時間も祈ることができるのですか。半分の時間にして、削った時間を庭仕事に使わせなさい。十分な仕事がないならば、庭の石を隅から隅へと持ち運ばせなさい。

この事例は、感覚は徐々に訓練されるべきであって、単純に無視されるべきではないことを示しています。

五　神秘体験における媒介の役割

最後の点について話を続けましょう。聖人は『霊の賛歌』の中では媒介をより大胆に使っています。理性のない被造物としての茂み、森、動物に第四、第五、第六の歌を、続く三つの歌を人間に当てています。彼が被造物を探し求めるのは、彼らと共にとどまるためではなく、彼らに愛するお方について尋ねるためです。それが、対神的態度なのです。彼は、愛する神を探し求めているのですから。

前の歌で、霊魂は、霊的生活を始める際の自らの心構えを知らせたのである。つまり、享楽、愉悦にとどまることなく、誘惑や困難に雄々しくうち勝とうと決意していると いうのだが、そこに神を知るために霊魂が第一にしなければならない自己認識の修行がある。今度は、この歌の中で、霊魂は被造物についての考察や認識を通じて、それらの造り主である愛するお方の認識へと歩み始めるのである。事実、神の認識に至るためには、自己認識の修行に次いで、被造物についての考察こそ、霊的な道において、順序として第一になされるべきことだからである。

自己認識を獲得した後、すなわち自分の人格を能動的に浄化した後、霊的な旅路において神の認識へと仲介するものは、まず第一に「被造物のなかに啓示されている神の偉大さや卓越性を考察しながら」遂行される創造の秘義に関する認識です。**霊魂は被造物と被造物のことについて語らうのではなく、愛するお方について彼らに尋ねるのです。**ヨハネがある言葉やある文章を使用する場合、いかに細心の注意を払っているかを忘れてはなりません。被造物へと向けられた問いは、アウグスティヌスが言うように、創造主への仲介なのです。それは、神のすばらしいみ業を、信仰と愛において賛美することに他なりません。それが、愛に満ちたまなざしであり、観想なのです。被造物の美しさは、それらがみずからのうちに持っているそれ自身の美しさばかりでなく、神によって創造されたことによる内的な美しさをも現しているのです。この種の媒介は、あらかじめこのために準備し、以上のように被造物を眺めることができる人々によってのみ実現されます。**風景や対象物は情緒的な価値や霊的価値をもっていますが、それらに対する感受性が鋭敏な者にとってのみ、それらの価値が現れるのです。**十字架のヨハネが購入し、みずから植え込みをし、造園したセゴビアの修道院の庭は、その歴史を知り、それに対する感受性を持っている者にのみ価値があります。このように聖人は、愛するお方である神の足跡を自然の中に見いだしています。自然に対する彼の観想は、想像によってもたらされる単に美的な、あるいは感傷的なものではありません。それは、自然が神との関係のうちにあるゆえに、対神的なものなのです。ヨハネは美的側面を認識する偉大な能力を持っていますが、想像することによって霊的な美しさを感得する対神的能力を保持していたことを知ることの方が、より大切でしょう。

聖人の美術に対する豊かな感受性の片鱗を知るため、証人を引き合いに出しましょう。カルワリオで（そこから定期的に彼はベアスへ歩いて出かけていたのですが）一年過ごした後、バエサに遣わされ、そこにある名門大学のそばに修学院を創設するように命令されました。彼は「無一物」から創立しました。建物がおおよそ完成してきた時、教会の装飾のために画家で彫刻家でもある一人の人物を呼び出しました。彼の名は、ホアン・デ・ヴェラです。当時、彼は若者でしたが、すでに芸術家としての名声を博していました。彼が老人になった時、列福調査における証人として次のように証言しました。

私たちは大変仲の良い友達になりました。彼は院長で、私が毎日夕食のために家に帰る必要のないよう、修道院で私の食事を準備させ、食堂で私を彼の脇に座らせました。彼はご像を制作するよう私に注文してきました。私の制作期間中、彼は暇があるとしばしば私のところにやってきて、私の仕事を手伝いました。彼は提案をしたり、いろいろなアイディアを持っていました。

聖人は死後、この若い芸術家の上に奇跡を行いました。彼はウベダの修道院に雇われたのですが、聖ミカエルの祝日に花火が爆発し、その結果、片目の視力を失ってしまいました。彼は修道院の一室に運び込まれましたが、駆けつけた医者は手のほどこしようがないと言いました。ホアン・デ・ヴェラによると、

一晩中、私は十字架の聖ヨハネ神父に祈り、彼に向かってこう言いました。「神父さま、あなたがこの世におられた時、私たちはそれは大の仲良しでした。どうかこの災難から私をお救いください」。翌朝、医者がやってきた時、私は突然光を見て、大声を上げました。「神と聖人に栄光あれ！」。

第六講話

潜心と内省

これらの二つの用語――一方は霊的生活に属するものであり、他方は人間の心理学的次元に属するものです――をもって、最後の講話を始めましょう。ここでは対神的生活や媒介の真の役割とは何なのかについて説明したいと考えています。

一　十字架の聖ヨハネの時代における霊的用語としての潜心の概念

潜心（recogimiento）という語やその言葉の意味する態度は、私たちの聖なる母（訳注：アビラの聖テレジアのこと）や十字架の聖ヨハネに由来するものではありません。それは、十六世紀の霊的用語として最も頻繁に使われた言葉の一つです。

おそらくフランシスコ会が、この言葉を最もよく使用しました。テレジアは、フランシスコ・デ・オスーナの『霊的初歩第三』においてこの言葉に出会いました。霊的古典では、潜心は神との一致と同一視されていました。何よりもそれは、人間の活動ではなく、神ご自身の活動を意味していました。潜心、受容（recibimiento）、一致（unión）といった言葉は、まったく霊的・対神的内容を持っています。内面的な事柄を重視した当時において、潜心の問題がいかに簡単に人々の話題にのぼったかということは、聖人の生涯に見られる一つの逸話の内に明らかです。すなわち、ベアスのある修道女が、彼女が通りかかると蛙《かえる》がみな決まって池に飛び込むのはどうしたわけかと、きわめて単純な質問をした時のことです。彼は、彼女に神学的な答えを与えます。それは、「霊魂が危険に遭遇した時、ただちに神の中へ飛び込むようにあなたに示すためです」と。

二　今日における潜心の再発見

過去三十年間、内的潜心は反歴史的、利己的、個人主義的なものとして拒否され続けてきました。人間的な出会いや感覚的印象や外からの情報のみが、人間的に人を豊かにするものであると見なされてきました。これは霊的生活や修道生活に有害な態度でしたので、正しい意味での潜心を擁護するために、これに反対する強い動きが、まもなく生まれました。東洋の影響も、さまざまな形態の超越瞑想《めいそう》を通して、このことに大きく貢献しました。この潜心の再発見の過程で最大の関心を引き起こした著作家は、十字架の聖ヨハネです。長年、日本で生活したアイルランド人のイエズス会士、ウイリアム・ジョンストンは、その著『沈黙の音楽』と『愛の内的目』において、東洋の文化的遺産を利用しながら、キリスト教における潜心の伝統へと人々の注意を喚起しようとしました。中心的な主張は、十字架の聖ヨハネへとさかのぼっています（『沈黙の音楽』という表現自体が『霊の賛歌』からの引用です）。ジョンストンは、潜心に必要な要因として次のものを挙げています。

＊表面的で不必要な外的活動の減少
＊人間の深みの次元への集中と内的エネルギーの活性化
＊この内的エネルギーの、人間の個人的召命への適用

これらの中で最も重要なものは、散漫や散心の状態の排除ではなく、人間の深みの次元の活性化です。これは、人間を非人間化し、人格を「苦行で浄化する」のでも「無にする」のでもなく、かえってより人間的に、また完全に人間的にするのです。

社会に広がっていた沈黙への願望や内面的なものへの渇きも、いささか乱用される結果となり、それらはまるで趣味か商品価値のあるようなものになってしまいました。毎日の生活における諸例が、このことを証明しています。国連総本部には、ダグ・ハマーショルドによって静穏の部屋（くつろぎの部屋）が設けられ、多くの外交官は重大な決定を下す前に、そこで静かに沈思黙考することができました。これをモデルにした部屋は、今や多くの大企業で設置されています。それは、ストレスのもとにある経営者や社員を、彼らの深みの次元を活用することによって助けるためです。著名なヴァイオリニスト、ユーディ・メニューインは、静けさや深みの中で生きる人間の権利を求めて署名運動を起こし、ユネスコの前に嘆願書を掲示しました。しかしながらナルチシズム的な自己防衛となる危険もあり得ます。超越瞑想の調査では、その精神集中の質を調べるために、アルファ線、ベータ線、ガンマ線という脳波を測定するちっぽけでちゃちな電気機器（EEG）が使用されています。以前は修道女で現在は心理学者となっているメイ・マロリィは、この方法を実験室で用い、十字架の聖ヨハネに関して博士論文を書きました。彼女はオランダとベルギーのカルメルの修道女三十人に聖人の著作を黙想させ、検査しました。

三　対神的潜心

私たちが前に列挙した潜心のための三つの要因は、聖人の美しい原文においても言及されています。

私の魂は、あらゆる被造物的事物から赤裸となり、離脱し、孤独となり、それらとは無関係なものとなって、あなたと共に、いとも深い内的潜心の内にひき退いているので、いかなる被造物も、私があなたの内に所有している内密な愉悦を見ることができない。

「赤裸となり、離脱している」ことは、外的事柄の減少であり、「内的潜心の中に深く入り込む」ことは、あなた、すなわち神と共に霊魂の内部へと集中すること。愛するお方と共にいること、自分自身の召命に注意を向けることとです。

十字架の聖ヨハネにとって、自己を見いだすために自分の中に入るだけでは、不十分です。愛するお方である神を見いだすために、自分の内部へ分け入るように望んでいます。それが、私たちが対神的潜心と呼んでいる事柄です。神との関係に入るための潜心なのです。聖人は、普通の潜心が対神的潜心へと変化させられる別の局面にも触れています。すなわち、霊魂が神を自分の中に探し求めるということだけではなく、神の方も内部から霊魂を愛そうと呼び求めつつ、すでにそこにおられるということです。私たちの聖なる母聖テレジアは、羊飼いの呼び声によって霊魂は感覚を城内へと引き入れると述べています。十字架の聖ヨハネは、ベアスの修道女に宛てた手紙の中で、同じ神秘について語っています。

霊魂が神へと向かっている時には、内部から沈黙へと強くひきつけられてしまうものです。

このことは、余計な外的事物から引き退くことによって人格は貧弱になるのではなく、内部におられる友なるお方によってますます豊かになるということの別の証しでしょう。『霊の賛歌』は、聖人があらゆる事物の中に神を探し求めていくという意味で、最も明瞭に潜心について述べている作品です。第一の歌についての注解は、潜心について彼がそれまで書いたものの中で最も美しいものです。彼は、そこでこう勧告しています。

神と共に内的潜心の内に喜びに喜びなさい。神はあなたのすぐ近くにおられるからです。その中で神を待ち望み、その中で神を賛美しなさい。決してあなたの外に神を探し求めに出て行ってはなりません。

自己反省や詮索の内にではなく、むしろ「信仰と愛」の内にそうしなさいと。なぜなら、

「信仰の実質である神の発見に、霊魂は愛によってあずかる」からです。

内面的なことに対する今日の欲求を利用することは悪くはありません。十字架の聖ヨハネを通し、自己反省より愛が強調されることによって、対神的意義、神への方向づけが与えられるでしょう。そうして神と人との関係を強化する内面化が遂行されることでしょう。しかしながら、十字架の聖ヨハネに、すっかり依拠する現代のスペインのある著作家たちは、心理学的側面をあまりにも重視しすぎるといった印象を与えます。体——指や手や腕や肩など——リラックスさせることに意識的に神経を集中させるすべての行為は、祈りに対して余力を残しておきません。そのようなリラックス運動は有益であるかもしれませんが、祈りが本物であるかどうかの基準は、対神的生活や霊性の真正さでのみあり得ます。ヨハネが高く評価している幾つかの神秘的恩寵も、ＥＥＧで調べるならば貧弱な結果しかもたらさないことでしょう。なぜなら、霊魂は神と親密な関係で結ばれているのに、想像力は動き回るということがあり得るからです。この場合には、計器は悪いしるしとしてベータ波を示すことでしょうが、聖人はこの状態を恩寵と見なしているのです。祈りの価値は、散心の回数によって判断することはできないのです。散心に大いに悩まされる人々がいますが、彼らは偉大な祈りの人でもあるのです。この最も良い例は、私たちの母なる聖テレジアでしょうし、おそらく小テレジアもそうだったでしょう。他方、ほとんど散心することはなくとも、よく祈っていない人々もいます。それというのも、散心がないのは、知的能力としての集中力の問題で、誰もが身に帯びているものではないからです。反対に、祈りの価値は愛の深さにかかっています。ローマ教皇庁は、対神的な方法で祈る代わりに、リラックス運動や意識の拡大、単なる心理的な内面性に満足しているキリスト者の中に危険を感じ取ってきました。すでに三年前に教皇庁は、キリスト教的祈りと東洋の瞑想形態について文書を発行しようとしました。私たちが意識を空にする東洋の修行を採用しようという誘惑に駆られるならば、『霊の賛歌』の第一の歌の注解を五回読み返してください。

四　心理的内面性

「心理的」という言葉は、ここでは潜心の過程における自然的人間的側面を叙述するために使用しています。聖人の教えに従えば、自然的心理的過程は、超自然的対神的側面を支え、育むものでなければなりません。その意味で、彼は心理的過程を推奨します。しかし、わたしたちが自然的活動に完全に集中するとすれば、本当に祈ろうとする時には、もうエネルギーが残っていないことでしょう。私たちの愛情や感情が、ある人やある対象でいっぱいになっているなら、神に対しても神的事柄に対しても余力はないでしょう。それは、今日の生の実態なのですが、私たちの感覚はみずからを満たす可能性として、法外な幅を持っています。したがって、そこから生じる消耗や散心から諸感覚を、特に情緒的領域内で解放することは、私たちの任務でしょう。

感覚的なものから来る楽しみを避けることによって得られる利益は、まことに驚くべきものがある。人はそれまで陥っていた散心から救われ、神の内に堅く潜心し、獲得した精神と徳を保持する。徳はさらに増し、霊魂は進歩する。

人間は感覚の諸活動を減らすことによって、生得的な散心から癒やされるのです。このことが神への愛からなされるならば、心理的過程は対神的生活に大いに役立ちます。この種の潜心は、すでに触れた三つの実を結びます。すなわち、それは精神と徳を保持し、それを増し深め、新たなるものを付け加えます。興味深い意見を一つ。祈りにおいても生活においても、**知性の散心は聖人を悩ませなかったということです**。それは、その大半が私たちのコントロールの外にある心のごく普通のメカニズムだからです。人の心は、同一の主題について、十五分以上、神経を集中することができず、それ以上になると、しばらくの間、気が散ってしまうのです。そのような散心は、まったく害になりません。**けれども情緒的次元での散心は、非常に有害です**。なぜなら、それらは本来じっと目を注ぐべき神から私たちの心をそらしてしまうからです。

五　平素の態度となった潜心

一日中、保ちうる潜心の形態というのがあります。私たちの聖なる母と十字架の聖ヨハネは、祈りにおける潜心を、習慣的な（平素の）ものとなった態度の実りとして捉えています。彼らにとって、潜心はその場限りの活動ではなく、生活であり、生きる構えそのものなのです。聖人は『光と愛のことば』において、習性となった潜心についてしばしば語っています。

神をあなたの浄配、友として選び、絶えず彼と共に歩みなさい。そうすれば、あなたは罪を犯さず、愛することを学び、なすべきことはみな、あなたにとって申し分のない良い結果となるであろう。

もし私たちが外的事物で満足しているならば、真の祈りへと入っていくことはできないでしょう。次々と生起するすべての事柄を通して、私たちの心を神へと向けることが、祈りの本質なのです。口祷《こうとう》の祈りに関しては、聖人はこう勧告しています。

キリストはたくさんの願いを教えられたのではなく、（「主の祈り」の）七つの願いをしばしば、それも熱心に心を込めて繰り返すようにと言われたのである。なぜなら、この祈りの中にはすべてが、すなわち神のみ旨と私たちに必要なもの一切が含まれているからである。

聖人はまた、**潜心を助けるような祈りの場**を、ことのほか重視しました。その場に足を踏み入れるや、私たちの霊魂はただちに神へと向けられ、気を散らしたり、装飾に気をうばわれたりすることが、あってはならないからです。実際には、私たちの注意が強引に装飾へと向けられ、そのために心が落ち着かなくなるような場、そのような教会や礼拝堂がありますす。他方、その単純な美しさとつつましさによって、沈黙と潜心へと私たちをいざなう場もあるのです。聖人は自然を愛し、潜心するにふさわしい場所を見つけると、たびたびその場へと戻りました。というのも彼は、絶えず新しい印象を得ることによって、変化を追い求めなかったからです。そのような印象を追い求めるならば、私たちの注意は神からそれ、目新しいもので心はいっぱいになってしまうことでしょう。同様のことが、潜心の助けになると考えられる書物にも言えます。私たちのよく知っているものがより有益ですが、それには、例えば福音書があります。さもないと、私たちは好奇心から本を読み、祈りに完全に専念することはできなくなるでしょう。祈る時やその日一日を通じ、また特に、念祷《ねんとう》の間におけるこのような習性となった潜心が、他者との正しい関係を築き上げていく力の土台であり、源泉なのです。この潜心こそ、私たちが他者に完全に心を開き、彼らに応えてゆくことを、また私たちを挑発するような状況において、短絡的に反応しないようにしむけてゆくものなのです。

六　神への愛のこもったまなざし

聖人は、フランシスコ・オスナ以来、とりわけ聖テレジアによって広く知られるようになった「潜心の祈り」という表現を使いません。彼が使うのは、「愛に満ちたまなざし」、「愛の単純な注視」という言葉です。彼の時代において、この表現はいささか異端の響きがありました。事実、今日に至るまで、聖人は時折、静寂主義者だと糾弾されてきました。このばかげたうわさは、彼が一九二六年に教会博士に上げられた時、ようやく収まったのです。神への愛に満ちたまなざしに関する彼の教説は、今日ではカトリックの霊性に対する天才的な貢献の一つとして見なされています。彼の時代においてさえ、推論的な考察無しのこの種の祈りは、人間に対する最高の恵みとしての知性を人から奪い、野獣のレベルへ人をおとしめるものだと反論が起きました。すなわち、聖人の著作は、公にするには、たとえラテン語にしたとしても、危険が多すぎる。なぜなら、彼は詩の中で言おうとしたことを詩の注解という形で説明しようとするため、彼の叙述の仕方は混乱し、不明瞭であるからというものです。

聖人が神へのこの愛に満ちたまなざしに大きな価値をおいた理由は、次のようなものです。

＊それは、推論的な祈りから観想的な祈りへの移行過程だからです。

＊対神徳に十分培われていながらも、その考えがしばしば散乱してしまう人が、現実に大勢いるからです。

＊他方、熱い感情も持たず、霊的指導者たちの指導によって、自分自身についてさまざまな意味で不安定になっている人々も多いからです。

聖人は、これらの散心や無味乾燥は、神が霊的成長のために許されたのであり、これらの霊魂が暗夜の中で苦しむことは、通常の考えとはまったく逆で、より豊かな恵みが与えられるしるしだと説明しています。つまり、神はこれらの霊魂をより成熟したものへと導こうとされているのです。この「愛に満ちた注視」、「愛の単純なまなざし」という表現によって、聖人は、私たちの聖なる母テレジアの次の言葉と同じことを言っているのです。

私は、あなたがたに、神について考えるようにとか、神についてたくさんの概念を作り出すようにとか、お願いしているのではありません。……私があなたがたにお願いしているのは、ただ神をながめるようにということだけなのです。

確かな判断基準として、私たちにその真正性を認めさせるようなこの種の祈りがともなっていなければなりません。というのも黙想できない霊魂や、この愛に満ちたまなざしを実践していると思いながら、その実、霊的に平凡な生活をしている霊魂があるからです。『カルメル山登攀』第二部第十三章十四節において、聖人は三つのしるしを挙げています。

第一は、否定的なものです。それは、推論的な祈りにある種の不満足を覚えることです。第二は、他のいかなる努力よりも、神を賛美することや神の方へ愛の単純な注視を向けることにはるかに満足を覚えることです。第三は、実存的なしるしです。すなわち、神により忠実に仕えたいという強い望みや真剣な努力が見られることです。

カルロ・カレットやルネ・ヴォアヨムは共に、十字架の聖ヨハネを祈りの生活における偉大な教師と見なしています。後者は、聖ヨハネがしたように、愛に満ちた注視に関して同じ区別をしています。この愛に満ちた注視は、例えば、神との一致の感覚が非常に激しいものとなる場合、あるいは、沈黙のうちにとどまることを好むほどの味わいをもって聖書の言葉が体験される場合など、神の豊かさ・完全さの体験となり得ます。その時は、単純にその場にいて、神に耳を傾けるだけで十分なのです。話すことは妨げとなることでしょう。あるいは、言うべき言葉が何も見つからず、表現すべき言葉が何もないほどに、私たちの心が重く、また私たちが困窮し空っぽで乾燥している場合、それは貧しさと空っぽの体験かもしれません。その時も、単純にその場にいて、神の前に単純にとどまりながら、神に自分の貧しさをささげるだけで十分なのです。

この祈りの二つの形、すなわち、完全さ・豊かさの体験における幸いと、空無の体験における厳しさは、私たちの生活を変容します。声を出して祈っているか、あるいは、外側からはっきり見分けることができないにせよ、単純なまなざしのこの祈りを実践しているかは、一般の人々の間に認めることができます。彼らはすみやかに観想の状態にたどりつきますが、黙想はしていません。彼らは推論的な祈りに訓練されてこなかったからです。

訳者あとがき

十字架の聖ヨハネは、アビラの聖テレジアに遅れること二十七年、一五四二年六月二十四日、アビラの寒村フォンティベロスに、父ゴンザロ・デ・イエペスと母カタリナ・アルバレスの三男として生まれる。だが三年後、貴族の身分を捨て、孤児の貧しいカタリナと結婚した父ゴンザロは過労のため、また次男ルイスは栄養失調のため、相次いで亡くなる。その後、カタリナは生計を立てるためアレバロへ、さらにメディナ・デル・カンポへ移り、二人の子どもを養う。ヨハネはイエズス会の学校で学ぶが、これは正規のコースではなく、夜学である。二十歳の時に召命を感じ、翌年、カルメル会へ入会。サラマンカ大学で学び、一五六七年に司祭に叙階される。直後、イエスの聖テレジアに出会い、カルメル会の改革運動に協力することとなる。一五六八年、バヤドリドの女子カルメル会修道院で聖女自身から原始会則に則った修道生活の精神を学び、ドゥルエロに男子カルメル会最初の改革派修道院を開く。しかし、従来のカルメル会（緩和派）と改革派の間の対立はエスカレートし、一五七七年、ヨハネは捕らえられ、トレドの牢獄に幽閉される。九カ月後、牢獄から脱出。その後、一五八〇年、改革派は独立管区となり、両派の対立に終止符が打たれる。以後は比較的平穏であったが、今度は改革派内での対立が生じ、一五九一年六月、独立管区の第三回総会がマドリードで開かれ、ヨハネはすべての職務を剥奪され、一介のカルメル会士としてペニュエラの隠遁所に退く。そこで丹毒を発症し、治療のためウベダの修道院に行くも、病苦に加え、ヨハネに恨みを抱く院長による虐待のなかで十二月十四日、帰天する。享年、四十九歳であった。

以上、ヨハネの生涯を概略したが、著作としては、『カルメル山登攀』、『暗夜』、『霊の賛歌』、『愛の生ける炎』などの大きな作品の他、詩や霊的勧告や箴言や『完徳の山』の図や手紙などの小作品がある。彼は大学で講義する神学者ではなかった。熟考に熟考を重ね、深遠な思想体系を練り上げていくということには関心がなかった。彼にとって最も重要なことは、日々の生活の中で神とのうそ偽りのない親密な関係、キリストとの愛の交わりを生き、深めることであった。その意味で言葉にはならない、この生きた信仰体験、神体験こそ、何よりも大切なものであり、それ以外は二次的な意味合いしか持っていなかった。そして、この言葉には言い表せない神体験をあえて言葉にしたものが彼の詩なのである。彼の大きな作品が皆、自作の詩の解説となっていることは、そのことをよく示している。彼が卓越した詩人であったことは、現在、スペインでは詩人の守護聖人とされていることからも明らかである。

男子カルメル会内では、著作の『暗夜』や『カルメル山登攀』の教説から、長い間、禁欲的な苦行家と誤解されてきた。列聖されたのは一七二六年と、死後一三五年も経過している。一九二六年、教会博士となったが、その復権にはフランスのカルメリット、リジューの聖テレジアや三位一体の聖エリザベトのヨハネ理解が貢献したようである。

フェデリコ・ルイス神父の講話は、ヨハネが峻厳な近寄りがたい人物ではなく、実にバランスのとれた温かな人間であったことを、やさしく伝えてくれている。現在、科学技術の発達はインターネットやAIの世界を生み出し、全人類は今や一つの家族のようになりつつある。だがその一方、キリスト教における教会離れは進み、日本では宗教に何の関心も示さない無宗教の時代を迎えている。そのような時代において、神への信仰を真に生きるとはどういうことなのか、真のキリスト者、教会共同体とは何なのかが問われている。

それらに対する答えやヒントを、多くの人々が「信仰の教師」である聖人の教えを通して見いだしていくことができるよう、心から願っている。

御父は一つの言《ことば》を言われた。これが御子であった。御父は永遠の沈黙の内に常にこの言をのたもう。そしてそれは、沈黙の内に、霊魂に聞かれるべきである（『光と愛のことば』の「愛について」21）。

著　者

フェデリコ・ルイス・サルバドル（Federico Ruiz Salvador）

1933 年　スペイン、パレンシア生まれ。

1950 年　跣足カルメル修道会へ入会。

1957 年　司祭叙階。ローマのカルメル会国際神学院テレジアーヌム教授。

2018 年 10 月 27 日　マドリードにて帰天。享年 85 歳。

著　書

『霊の道　霊性神学概要』（EDE）、『神秘家、霊的教師　十字架の聖ヨハネ』（EDE）、『十字架の聖ヨハネ入門　人間、著作、体系』（BAC）、『体系的霊性』（Baxant）、『神は夜に語られる』（EDE）他。

訳　者

九里　彰（くのり　あきら）

1949 年　生まれ。

1981 年　上智大学大学院哲学専攻、博士後期課程修了。

1990 年　カルメル修道会入会。

1997 年　司祭叙階。

1999 ～ 2002 年　スペイン留学。

2011 ～ 2017 年　カルメル修道会管区長。

現　在　カルメル修道会金沢広坂修道院院長。

訳　書

ハンス・ウルス・フォン・バルタザール著『過越の神秘』（2000 年、サンパウロ）、ウィリアム・ジョンストン著『愛と英知の道――すべての人のための霊性神学』（監訳）（2017 年、サンパウロ）。

十字架《じゅうじか》の聖《せい》ヨハネの霊性《れいせい》
フェデリコ・ルイス師《し》の講話《こうわ》

著　者――フェデリコ・ルイス

訳　者――九里　彰

発行所――サン パウロ

〒160-0011　東京都新宿区若葉 1-16-12
宣教推進部（版元）Tel. (03) 3359-0451　Fax. (03) 3351-9534
宣教企画編集部　Tel. (03) 3357-6498　Fax. (03) 3357-6408

印刷所――日本ハイコム㈱

2020 年 2 月 28 日　初版発行

© Akira Kunori 2020　Printed in Japan
ISBN978-4-8056-3918-4　C0016
落丁・乱丁はおとりかえいたします。